Michael Plathow

Glauben denken und bezeugen

Michael Plathow

Glauben denken und bezeugen

Heidelberger Universitätspredigten

Fromm Verlag

Impressum / Imprint
Bibliografische Information der Deutschen Nationalbibliothek: Die Deutsche Nationalbibliothek verzeichnet diese Publikation in der Deutschen Nationalbibliografie; detaillierte bibliografische Daten sind im Internet über http://dnb.d-nb.de abrufbar.

Bibliographic information published by the Deutsche Nationalbibliothek: The Deutsche Nationalbibliothek lists this publication in the Deutsche Nationalbibliografie; detailed bibliographic data are available in the Internet at http://dnb.d-nb.de.

Verlag / Publisher:
Fromm Verlag
ist ein Imprint der / is a trademark of
OmniScriptum GmbH & Co. KG
Heinrich-Böcking-Str. 6-8, 66121 Saarbrücken, Deutschland / Germany
Email: info@frommverlag.de

Herstellung: siehe letzte Seite /
Printed at: see last page
ISBN: 978-3-8416-0409-5

Inhaltsverzeichnis

Offene Augen

Mk 8, 22 - 26

Predigt am 12. So. n. Trin. (18. 8. 2013) in der Heidelberger Universitätskirche

1. Liebe Gemeinde, mit offenen Augen und hörenden Ohren beteiligt war ich, als Mädchen und Buben mit fehlender Sehfähigkeit die Bibelabschnitte und Gebete aus der Braillebibel vortrugen und die Leiterin der "Blinden-Freizeit", selbst durch Amaurose im räumlichen Orientierungsvermögen eingeschränkt zugleich ein selbstbestimmtes Leben führend, vor der Gemeinde bezeugte: Ich möchte als Blinde anerkannt und angenommen werden von Euch!
164000 Blinde gab es 2004 in Deutschland. In jedem Jahr werden etwa 110 Kinder blind geboren, die eine spezielle Förderung und Ausbildung erfahren.
Tausenden Menschen mit fehlender Sehfähigkeit in 81 Ländern hat seit 1908 die "Christoffel Blinden Mission (CBM)" im nahe gelegenen Bensheim Hilfe und Heilung gebracht - als "Recht auf Augenlicht".
In diesem Sinn wird auch die elektroneurologische Forschung in der Ophthalmologie intensiviert; und das mit Recht.

Mit einer entsprechenden und dann weit darüber hinausgehenden Intention erzählt Markus - übrigens in dieser Form einzig in den vier Evangelien - die Augenheilung von Bethsaida.

2. Wie immer wieder auf seinen Wanderungen bringt man zu Jesus in Bethsaida einen Blinden. Jesus geleitet ihn an einen Ort, wo sie allein sind. Dort findet die Heilung in aller Stille statt: nicht coram publico, sondern pro homine. Marktplatz und Event ist solch ein außerordentliches Geschehen verschlossen.
Jesu Therapie ähnelt der der damaligen Speichel-Heiler. Aus dem Asklepios-Heiligtum in Epidauros ist sie bekannt, sogar von Kaiser Vespasian wird sie berichtet. Jesus schmiert Speichel auf die Augen des Blinden und legt seine Hände auf. Schleimigem Speichel und segnenden Händen wird heilende Kraft zugesagt.

Wir Heutigen empfinden ausgespucktem und hingerotztem Adjekt gegenüber Ekel. Kulturgeschichtlich und psychologisch internalisiert ist unser Ekel vor allem sich flüssig Zersetzendem, dem Vorboten des Todes als Antod. Allem Verwesenden und Verweslichen ist es eigen.
Entsprechende Abneigung begegnete mir bisweilen bei Besuchern in der Pflegeabteilung im Seniorenheim: der Widerwille gegen den im Zimmer Siecher liegenden Uringeruch, die Antipathie beim Windelwechsel Inkontinenter, der Ekel vor versabberten und verkleckerten Essensresten, die befremdete Entfremdung dementen Verwandten gegenüber. Ein oft unsicheres Schwanken zwischen bemitleidendem Hilfeversuch und den Augenkontakt vermeidendem Vorbeisehen derer am sozialen Rand - oft auch bei der Begegnung mit Blinden.
Das für manche von uns Ekel erregende Adjekt eröffnet durch Jesu Hände den Heilungsprozess. "Siehst du etwas?", fragt Jesus. "Ich sehe Menschen umhergehen, als sähe ich Bäume", lautet die mehrdeutig klingende Antwort. Jesus legt abermals die segnenden Hände auf die Augen des Blinden. Und jetzt mit einem Mal sieht dieser deutlich und klar - ein Wunder als "Durchbrechung menschlicher Erfahrungen und alltäglicher Sinnenwelt" (G. Theissen); es weist über sich hinaus; mehrdimensional ist es in seiner Semantik.
Davon aber nimmt der sehunfähige und verengte Blick der Bethsaidaner nichts wahr; auch die Jünger verstehen nicht. "Ihr habt Augen und seht nicht?, habt Ohren und hört nicht?, begreift ihr denn nicht?", klagt Jesus mit Worten des Propheten Jesaja (Jes 6, 8ff), auf die sich dann auch Paulus bei einer Predigt in Rom beziehen wird (Apg 28,26).

3. Wenn der verschwommene Blick, der Menschen wie Bäume wahrnimmt und den 'Wald vor Bäumen' nicht erkennt, zu klarem Sehen und Verstehen gewandelt wird, da fällt es wie Schuppen von den Augen, da widerfährt einem der Durchblick, da ereignet sich hinsehendes Staunen und verstehendes Erkennen. Sehen und Erkennen wird da zu einem Beziehungsgeschehen mit dem deutlichen Blick von Zuneigung getragener Teilnahme und Anteilnahme.
D. Bonhoeffer fand 1939, sicher in NewYork, im Zwielicht fürsorglicher Planungen, ängstigender Sorgen und dramatischer Gefühlsstürme, durch das tägliche Losungswort und durch vernünftige Gespräche mit Freunden den klaren Blick für die Entscheidung, am 7./8. Juli '39 auf einem der letzten Schiffe heimzukehren zur "Teilhabe an

Deutschlands Geschick".
Anderen werden die Augen geöffnet für das Nicht-Selbstverständliche und für die zu bestaunenden Wunder des Lebens.
Bei manchem bricht angesichts der Masse an Informationen und der Menge an Möglichkeiten Verstehen auf, dem "das geistige Band" nicht fehlt und das zwischen Wesentlichem und Unwesentlichem zu unterscheiden weiß. Bei anderen kommt es wider betriebs- und systemblinde Scheuklappen eines eindimensionalen Realitätssinns zum Augentakt mit dem konkreten Menschen, auch mit dem am Straßenrand Liegenden und unter Räuber Gefallenen.
Aber da ist auch das gleichgültige Wegsehen und ängstliche Augen-Verschließen. War es den Menschen um die nahe gelegene Kirche wirklich nicht möglich, für die protestierenden "Frauen der Rosenstraße" in Berlin einen Blick zu haben? Mussten Heidelberger dem Ehepaar Jaspers durch den Wechsel auf die andere Straßenseite bescheinigen, dass sie nichts mit ihnen gemein haben?. Und wir heute? Lässt unsere Fixierung auf Eigennutz den Blick für das Allgemeinwohl vernebeln? Macht das Starren auf Ökonomie und Sicherheit die Augen blind für Freiheit und Solidarität?

4. "Man sieht nur mit dem Herzen gut", sagt als Sehhilfe mit B. Pascal der "Kleine Prinz". "Habt ihr Augen und seht nicht? Erkennt ihr denn nicht?, fragt Jesus. Durch die Blindheit des Herzens sind die Augen glaubensblind. In einer Kehre erfährt der Glaube den Durchbruch hin zum "credere" als "cor dare": das Herz hingeben und sich selbst so neu erfahren; das Herz hingeben an den, der die fehlende Sehfähigkeit und die glaubensblinden Augen heilt.
"Woran du dein Herz hängst, das ist eigentlich dein Gott"; Gott aber ist es, "dessen du dich versiehst in allem Guten und bei dem du Zuflucht findest in allem Schweren" (M. Luther). Glaube meint das grundlegende, Leben bestimmende Vertrauen auf den, der es gut mit uns meint in der Gemeinschaft mit Jesus Christus; dieser nimmt persönlich Anteil am Geschick des Blinden, am Straßenrand Liegenden, unter die Räuber Gefallenen, wie überhaupt an den Leidenden und am Leid der Welt. Für den Evangelisten Markus ist so die "Stunde" der Passion Jesu schon vorgezeichnet: das Geheimnis des Messias, dessen universal und konkret heilende Umwandlung der Welt der Prophet Jesaja verheißen hatte: "Wohl an, es ist noch eine kleine Weile ... Zu der Zeit werden die Tauben hören die Worte des Buches und die Augen der Blinden werden aus Dunkel und Finsternis sehen und die Elenden werden Freude haben am Herrn" (Jes

29, 17ff). Verheißung und Glaube korrespondieren. Das Wort der Verheißung, das wirkt, was es dem Glaubenden zusagt, und der Glaube, der empfängt, was das Wort der Verheißung eröffnet. Da erblicken Augen mit fehlender Sehfähigkeit neu die Mitwelt; da erschließt sich glaubensblinden Augen auf einmal mehr: ein neues Wirklichkeitsverständnis. Augen des Glaubens - sie sind offen für die neue Wirklichkeit vor Gott; die Wirklichkeit der Welt wird transparent für die Christuswirklichkeit, für den Christus praesens hier und heute. Mit nüchternem Blick und zugleich mit staunendem Sehen lassen sich die nicht-selbstverständlichen Wunder des Lebens im Kleinen und im Großen erkennen trotz Diskrepanzerfahrungen und destruktiver und katastrophischer Erlebnisse. Durch den Grauschleier, der Menschen schattenhaft wie Bäume wahrnimmt, öffnet sich die Sicht für Wesentliches und Unwesentliches, eine Sicht, die bei allem Finsteren im Vorletzen dieser Welt weiß um die Schau im Letzten, wo Gottes Gericht nach seinem Heilsplan alles heil machen wird in seinem Reich.

Als konkrete Sehhilfe erzählt eine chassidische Geschichte: "Wie bestimmt man die Stunde, in der die Nacht endet und der Tag beginnt?", fragte einmal ein Rabbi seine Schüler. Die Schüler dachten kurz nach; dann war die Antwort des ersten heraus: "Ist es dann, wenn man von weitem einen Hund von einem Schaf unterscheiden kann? - "Nein", sagte der Rabbi. "Vielleicht ist es dann, wenn man von weitem einen Dattelbaum von einem Feigenbaum unterscheiden kann", erwiderte ein anderer Schüler. Doch der Rabbi schüttelte nur den Kopf. - "Aber wann soll es denn sonst sein?", fragten die Schüler ratlos. Da neigte sich der Rabbi seinen Schülern zu und gab zur Antwort: "Es ist dann, wenn du in das Gesicht irgendeines Menschen blickst und deine Schwester oder deinen Bruder erkennst", eben den, dem du Nächster bist, da, wo das Reich Gottes schon heute Gestalt findet.

Das durfte ich vor kurzem, wie anfangs erwähnt, beim Gottesdienst, gestaltet von der "Blinden-Freizeit", erfahren.

Gott schenke uns das sehende Herz, die Augen des Glaubens und die Wichtiges und Unwichtiges unterscheidende Vernunft durch den Glauben an Jesus Christus. Amen.

Das Glück des Glaubens

Mt 6, 25 - 34

Predigt am 14. 8. 2013 beim Mittwochmorgen-Gottesdienst in der Universitätskirche

Liebe Gemeinde,
von Glück und Glücklichsein will der heutige Predigttext, d. h. Jesus Christus in seiner Bergpredigt, uns etwas, vielleicht gerade Unerwartetes sagen.
Es gibt eine menschliche Sehnsucht nach Glück. Und die Lebens- und Denkgeschichte der Menschheit ist geprägt von diesem Suchen nach Glück und Glückseligkeit. Schon in der Antike kannte jemand 262 Glückstheorien; und in der Gegenwart erfahren wir einen Boom an Ratgebern und an Anweisungen zum Glück.
Dabei ist zu unterscheiden zwischen dem Glücksfall, der einbricht wie ein Lottogewinn, aber auch das Gelingen einer Schwerstoperation, ferner zwischen Glücksgütern, die das Leben erleichtern und verschönern können wie etwa Gesundheit, schließlich zwischen Glücklichsein als gutes Lebensgefühl von Gelingen und Zuversicht etwa in einer Liebesbeziehung, in Ehe und Familie. Glück als Glücksfall, Glückgut und Glücklichsein wird übrigens in den biblischen Zeugnissen in einem umfassenden Sinn als Segen verstanden.

In der Bergpredigt Jesu geht es um das Glück des Glaubens.
Jesu Botschaft in der Bergpredigt zielt auf das Glück der Menschen im erfüllten Leben aus der Fürsorge Gottes für sie. Solch ein Leben weiß um Vertrauen, um Güte, um Liebe auch im menschlichen Zusammenleben, weil der Glaube an Gottes Fürsorge für seine Schöpfung und Geschöpfe, an Christi Dasein für uns Menschen und an den heiligen Geist, dem Band der Liebe und des Friedens, dieses Leben trägt: ein sinnerfülltes Leben, das Gottes Kommen in unser Leben gewiss ist und darum Zukunft entbirgt in der Gegenwart.
Verhindert aber wird das Glück durch das Sorgen und die Sorge. Wir erinnern uns an Goethe, Faust II, Mitternacht: vier graue Weiber wollen Eingang in Faust Haus - Mangel, Schuld, Not, Sorge. Die Sorge: "Ihr Schwester, ihr könnt nicht, ihr dürft nicht

hinein. Die Sorge, sie schleicht sich durchs Schlüsselloch ein".
Sorge und Sorgen ist das am meisten vorkommende Wort in unserem Predigttext.
"Wir wollen durch Sorge sorglos werden und vermehren durch unsere Sorgen nur die Sorgen" (D. Bonhoeffer). Betrachten wir daraufhin unseren Alltag, einen Tageslauf etwa, so scheint das zuzutreffen: die Sorge um unsere Gesundheit, um genug Geld und gute Leistung, um Sicherung und Sicherheit ist für uns eine wichtige Aufgabe. Wie oft halten wir in der Hektik des Tages inne und fragen: Was wird werden? Werden wir behalten können, was wir erreicht haben? Wird verringert werden, was uns Angst macht? Solche Fragen gehören auch irgendwie zum Leben dazu. Und - wie es in der Bergpredigt Jesu heißt - auch Gott weiß, dass wir all dies brauchen. Da wird von Jesus nicht dem Faulenzen das Wort geredet, weil die gebratenen Tauben in den Mund fliegen. Nein, gewiss nicht.

Jesus spricht hier gegen das Sorgen um den "kommenden Tag" und gegen ein Vorsorgen für Möglich-Zukünftiges, das uns dann nicht mehr loslässt, so dass die Dinge, um die wir uns sorgen, uns total in Beschlag nehmen bis in den Schlaf und die Träume hinein. Da treibt die ständige Sorge um den Hausbau das Gespräch der Eheleute in gegenseitige Vorwürfe und Anschuldigungen. Da zwingt die Sorge um gute Noten den Schüler zu egoistischem Verhalten auf Kosten von Freundschaft. Da dreht die Sorge um Sicherheit die geheimdienstliche Datenspreicherung in schwindelerregende Höhen. Da wird in Sorge um die Zukunft versichert und abgesichert. Da gewinnt die Sache, um die wir uns sorgen, Gewalt und Macht über uns; sie ergreift wie eine Droge Kopf und Herz und prägt so den ganzen Lebensstil. "Woran du aber dein Herz hängst, das ist eigentlich dein Gott", sagt Martin Luther in der Auslegung des 1. Gebotes im Großen Katechismus: "Ich bin der Herr, dein Gott; du sollst nicht andere Götter haben neben mir" mit der Erklärung "Wir sollen Gott über alle Dinge fürchten, lieben und vertrauen."
Liebe Gemeinde, hier werden berechtigte Sorgen in einer Zeit hoher Jugendarbeitslosigkeit in Europa, staatliche Überschuldung, Fremdenfeindlichkeit nicht elegant heruntergespielt oder einfach überspielt - auch nicht die Ängste um die schwerkranke Mutter, die Sorgen um das burn-out-Syndrom des kranken Nachbarn. Es geht hier vielmehr um die künstlichen Sorgen, die mit dem Konsum von Haben und Mehr-haben-wollen durch modische Werbung hervorgerufen werden, diejenigen Sorgen um eine Zukunft, die die Gegenwart gelebten Lebens vergessen lassen, die den Mehrwert menschlichen Lebens ausgeblendet haben. Ist der Mensch nicht mehr als

Essen und Trinken und Kleidung? Er ist mehr! Gott sei Dank! Erfülltes, sinnvolles, wahres Leben ist anders. Darum ruft Jesus nach den Glücksrufen der Seligpreisungen zu Beginn der Bergpredigt hier: "Sorgt euch nicht, denn es ist ja für euch gesorgt." "Sorgt euch nicht. Für alles, was lebt, hat Gott gesorgt. Für die Vögel unter dem Himmel, die Lilien auf dem Felde", und so auch für euch, für dich und mich. Es weiß, was wir zum Leben nötig haben.

Da fällt mir folgende Geschichte von Heinrich Böll ein; einige von ihnen mögen sie schon kennen; sie passt irgendwie in diese Ferien- und Urlaubszeit:
"In einem Hafen an der westlichen Küste Europas liegt ein ärmlich gekleideter Mann in seinem Fischerboot und döst. Ein schick angezogener Tourist legt eben einen neuen Farbfilm in seinen Fotoapparat, um das idyllische Bild zu fotografieren. Klick - das spröde, fast feindselige Geräusch weckt den dösenden Fischer, der sich schläfrig aufrichtet. Der Tourist: "Sie werden heute einen guten Fang machen." Kopfschütteln des Fischers. "Aber man hat mir gesagt, dass das Wetter günstig ist." Kopfschütteln des Fischers. "Sie werden also nicht ausfahren?" Kopfschütteln des Fischers, steigende Nervosität des Touristen. "Oh, sie fühlen sich nicht wohl?" Endlich geht der Fischer von der Zeichensprache zum wahrhaft gesprochenen Wort über. "Ich fühle mich großartig." Der Gesichtsausdruck des Touristen wird immer unglücklicher. "Aber warum fahren sie dann nicht aus?" Die Antwort kommt prompt und knapp: "Weil ich heute morgen schon ausgefahren bin." "Ich will mich ja nicht in ihre persönlichen Angelegenheiten mischen, aber stellen sie sich einmal vor, sie führen heute ein zweites, ein drittes, vielleicht sogar ein viertes Mal aus und sie würden drei, vier, fünf vielleicht sogar zehn Dutzend Makrelen fangen. Sie würden nicht nur heute, morgen, übermorgen, ja an jedem günstigen Tag zwei-, dreimal, vielleicht viermal ausfahren - wissen sie, was geschehen würde?" Der Fischer schüttelt den Kopf. "Sie würden sich in spätestens einem Jahr einen Motor kaufen können, in zwei Jahren ein zweites Boot, in drei, vier Jahren könnten sie vielleicht einen kleinen Kutter haben, eines Tages würden sie zwei Kutter haben. Sie würden ein kleines Kühlhaus bauen, mit einem eigenen Hubschrauber fliegen, die Fischschwärme ausmachen und ihren Kuttern per Funk Anweisungen geben. Sie könnten den Hummer ohne Zwischenhändler direkt nach Paris exportieren - und dann ... " Der Fischer klopft ihm auf den Rücken wie einem Kind, das sich verschluckt hat. "Was dann?", fragt er leise. "Dann", sagt der Fremde mit stiller Begeisterung, "dann könnten sie beruhigt hier im Hafen sitzen und in der Sonne dösen

und auf das herrliche Meer blicken." "Aber das tu ich ja schon jetzt", sagt der Fischer, "ich sitze beruhigt im Hafen und döse, nur ihr Klicken hat mich dabei gestört."
Eine Geschichte auch wider die Wachstumsideologien angesichts der "Grenzen des Wachstums" heute.

Liebe Gemeinde, in unserem Predigttext geht es um den Stellenwert, den die Dinge, um die wir uns Sorgen machen und sorgen, für die wir unsere Gaben und Fähigkeiten einsetzen, in unserem Leben haben. Was hat Priorität? Was gilt? Jesus will den Blick weglenken von den Sorgen des Möglichen, um die wir kreisen und die uns einkreisen, hin zum Glück, zum glücklichen Leben, wo Vertrauen und Liebe aus Gottes Fürsorge für uns Geltung haben. Darum ruft er: "Sorget nicht! Sondern trachtet am ersten nach dem Reich Gottes und seiner Gerechtigkeit, so wird euch solches alles zufallen." Diese Trachten steht dem Sorgen gegenüber und entgegen. Jesus meint die Wirklichkeit des Reich Gottes, das als Tat Gottes in seiner Person, in seinem Predigen und Heilen, in seinem Leiden, Sterben und Auferstehen angebrochen ist und anbricht und sich einmal vollenden wird. Jesus meint die Einstellung zum Leben, die er uns vorgelebt hat: aus der Gewissheit um Gottes Fürsorge für uns nun selbst auch für andere sein und sorgen; aus der Liebe Gottes zu unserer Welt, seiner Schöpfung, nun in der Liebe zum anderen - selbst zum Gegner - leben. Wo
immer diese Liebe unser Tun und Planen bestimmt, wo Gottes Liebe zur Welt unsere Einstellung zum Leben prägt - Glaube und Leben gehören zusammen -, da bricht ein Stück Reich Gottes an, wird seine Gerechtigkeit sichtbar. Da wird nach dem Reich Gottes getrachtet; da ist es und da wird es auch gefunden.
In den alltäglichen Dingen nehmen wir dann die Spuren des Reiches Gottes wahr. Dort, wo anderen geholfen wird in ihrem Leiden und in ihrer Not, wo das Wort des Trostes, des Vertrauens und der Hoffnung vernommen wird, wo sich der Mund auftut für die Stummen - hier bricht die Güte und die Wohltat Gottes herein und weist auf das Heil im Advent des Reiches Gottes.

In Segensbildern aus dem Alltagsleben erzählt so Jesus vom Reich Gottes. Und indem Jesus die Reich-Gottes-Gleichnisse erzählt nimmt er seine Zuhörer in diese Erzählung hinein; sie sind es, denen das Reich Gottes gehört: Das Reich Gottes ist gleich einem Menschen, der guten Samen auf den Acker sät ... (Mt 13, 24 ff); ; das Reich Gottes ist gleich einem Senfkorn, der zu einem großen Baum heranwächst ... (Mt 13, 31f); das

Reich Gottes ist gleich einem im Acker verborgenen Schatz, den ein Mensch zufällig findet (Mt 13, 44f); das Reich Gottes ist einem Netz gleich, das ins Meer geworfen wird und Fische von allerlei Art zusammenbringt ... (Mt 13, 47f). Das Glück eines sinnvoll erfüllten Lebens durch die Erfahrung der Nähe Gottes wird hier signalisiert, eine Nähe in der Gemeinschaft mit Gott, die um das Heil in Jesus Christus jetzt und für alle Zeit weiß.

So will Jesus herauslocken aus dem ängstlichen Sorgen in das Vertrauen auf Gottes Verheißung und in den Glaubensmut. Aller Besitz, unser Wohlstand und unsere guten Leistungen, mit denen wir unser Leben schmücken, sind letztlich Rahmenbedingungen unseres Lebens. Nicht über das Geschaffene und Geleistete erreichen wir das Ziel. Den Sinn unseres Leben finden wir, wenn wir uns an dem orientieren, was das Leben fördert, was Zukunft eröffnet, indem wir auf das hin leben, was durch den Advent des Reiches Gottes werden soll.

Trachten wir am ersten nach dem Reich Gottes und seiner Gerechtigkeit, dann wird uns das künstliche Sorgen genommen, weil Gott für uns sorgt - heute und an jedem neuen Tag, den Gott uns gibt.

Wenn sich jemand dieser Einladung Jesu anschließt, sich auf diese einlässt, wird er oder sie frei für die Wirklichkeit in der Nähe Gottes, für seine Liebe zu uns. Das ist ein Wagnis, ein tägliches Wagnis, zuerst nach dem Reich Gottes zu trachten, Vertrauen einzuüben, in der Gegenwart Gottes zu leben, weil wir aus Gottes Hand und in Gottes Hand leben.

Das meint das Glück des Glaubens.

Und der Friede Gottes, der höher ist als alle Vernunft, der bewahre eure Herzen und Sinne und euer Tun in dieser gewissen Zuversicht. Amen.

Brot des Lebens

Joh 6, 47 - 51

Predigt im Abendmahlsgottesdienst, begleitet vom "Wagner College Choir, USA) am Sonntag Laetare (10 3. 2013) in der Peterskirche in Heidelberg

1. Die Kraft des Wortes und die unterschiedliche Aufnahme von Reden ist an der Universität, dem Ort reflektierter Sprache, wohl bekannt.

Auch Jesus, der bekanntlich mit Vollmacht predigte, erlebt das mit seiner Brotrede in der Synagoge in Kapernaum nach dem Evangelisten Johannes. Man tuschelt versteckt, man murrt öffentlich, man bleibt auf Distanz, man verschließt das Herz; die Saat kommt nur teilweise zur Frucht. Dabei spricht Jesus etwas Lebensnotwendiges an, das, was Leib und Seele zusammenhält: Brot, Frucht der Erde und der menschlichen Arbeit. Als Frucht aus dem Weizenkorn, das, in die Erde gesät, keimt und wächst, ist das Brot, aus Körnern gemahlen und gebacken, Lebensgabe, von der wir leben: Brot *zum* Leben. Der Gabe entspricht das Danken, wie dem Leben als Geschenk die Dankbarkeit, dass ich bin, entspricht. Mit Matthias Claudius "täglich zu singen":

Ich danke Gott und freue mich
wie`s Kind zur Weihnachtsgabe,
dass ich bin, bin
und dich, schön menschlich Antlitz, habe".

Brot *zum* Leben, vom Himmel gegeben - ich erinnere mich: meine Großmutter - ich war Kleinkind der ersten Nachkriegsjahre - zeichnete beim Anschnitt eines frischen Brotlaibes mit dem Messer zuerst ein Kreuz auf die Rinde. M. Claudius erzählt in diesen Zusammenhang folgende Parabel: Es gab eine Zeit, als die Menschen sich mit dem, was die Natur brachte, behelfen mussten. Da kam aus der Ferne einer, der ihnen beibrachte, den Acker zu pflügen und Saat zu säen. Der sagte: `Seht, das müsst ihr tun! Und das übrige tun die Einflüsse des Himmels`. Und die Saat ging auf und wuchs und brachte Frucht.

In der Folgezeit fanden einige den Anbau zu simpel; auch mochten sie die Beschwernis an der freien Luft nicht ertragen. 'Kommt', sprachen sie, 'lasst uns den Acker mit

Mauern einfassen und ein Gewölbe darüber machen; die Einflüsse des Himmels werden so nötig nicht sein‘. ′Aber`, sagten andere, `der aus der Ferne ließ den Himmel offen und sagte: `Das müsst ihr tun! Und das übrige tun die Einflüsse des Himmels`. Jene antworteten: ′Wir können ja den Himmel an das Gewölbe malen′ und taten's. Und die Saat wollte nicht wachsen (M. Claudius, Ges. Werke I, Dresden, 558f).

Auch heute gibt die volkstümliche Parabel angesichts des "Ungeheueren" des homo faber und homo oeconomicus (Antigonelied) kritisch zu bedenken, dass wir letztlich von Voraussetzungen leben, die wir nicht gemacht haben, die uns gegeben sind, denen wir uns verdanken, wie wir auch unser Leben verdanken. Mit der 125. Frage des Heidelberger Katechismus gesprochen, dass "ohne Gottes Segen weder unsere Sorgen und Arbeit, noch deine Gaben uns gedeihen". Nicht in die Hand zu nehmen ist der Himmel und das Klima, vielmehr ist mit der Mit- und Umwelt verantwortlich, d. h. achtsam und nachhaltig im Blick auf die Folgen für unser aller Zukunft umzugehen.

Es geht um die Differenz, aber auch Diskrepanz, zwischen einerseits einer von uns Menschen produzierten Realität, die Machen als geschlossenes System zur Machsal, Gebrauchen zum Missbrauchen verkehren kann, und andererseits ein Wirklichkeitsverständnis, das im Glauben mit Gott rechnet und um den offenen Himmel weiß, weil der Mensch "nicht ganz dicht ist".

Aus Leben hervorgehend dient das Brot menschlichem Leben und eröffnet als gegebenes und verdanktes Lebensmittel zukünftiges Leben in "Ehrfurcht vor dem Leben" und in Achtsamkeit um die Lebensmittel. Ökologie des Leibes, Ökologie der Seele und Ökologie der Mitwelt sind hierin eingebacken. Welch eine Verantwortung für das Brot *zum* Leben in der Sortenvielfalt und den delikaten Verfeinerungen: einerseits als Not wendendes "Mana, soviel du brauchst" für den Tag in seiner Zeitlichkeit und als die köstliche Konditorei "Himmelsbrot"; andererseits als benutzte Energiezufuhr nach Kalorientabelle, als entfremdetes Machtmittel "Brot und Spiele", als weltweites Spekulationsmittel oder Verbraucher täuschender Ettikettenschwindel egoistischer Begierde und missachteter Abfall einer Wegwerfgesellschaft, die ohnehin auf Kosten von anderem Leben vegetiert.

Das echte Brot *zum* Leben, gegeben und verdankt, wird weitergegeben dankbar und verantwortlich als Brot *für*, Brot, *für* die "Tafel" und "Brot *für* die Welt". Denn Brot *zum* Leben tut Not beim nahen Nächsten und bei den fernen Nächsten, wie wir tagtäglich herausfordernd erfahren.

2. In der Brotrede verkündet Jesus: Ich bin das "Brot *des* Lebens" für euch (I am the bread of life), Brot von einzigartiger Qualität. Jesus holt uns Hörer in die personale Begegnung mit sich. Mit dem Ruf "Ich bin!" setzt er sich in Beziehung mit uns und uns in Beziehung mit sich. So tat es Jahwe bei der Selbstmitteilung an Mose beim brennenden Busch. Seinem Wort, ja, dem Logos Gottes, das real und konkret geworden ist in Jesus (Joh 1, 14), korrespondiert hier unser selbsteigener Glaube, unser grundlegendes Leben bestimmendes Vertrauen auf Gott, der ein Freund des Lebens ist. Jesu prophetische Selbstvorstellung im Bildwort vom lebensnotwendigen Brot und der Glaube der Jünger gehören zusammen wie Verheißung und Glaube. Jesu Botschaft: Ich bin das "Brot *des* Lebens" für dich, umfasst die Glaubens- und Lebensgemeinschaft mit Christus, durch die mein Selbst gründet "durchsichtig in der Macht, die es gesetzt hat", der es sich verdankt (S. Kirkegaard, Krankheit zum Tode). Und indem wir uns auf ihn verlassen, verlassen wir uns selbst; und indem wir uns selbst verlassen, werden wir uns neu gegeben und finden uns neu als wir selbst.
"Wahrlich, wahrlich" (Most assuredly)!", wahr ist, wer an mich glaubt, der hat das ewige Leben (he who believes in Me has everlasting life). Im Hebräischen gehören Wahrheit und Glaube bedeutungsvoll zu einem Wortstamm. Es geht um das, was wahr ist, was sich bewahrheitet als Bestimmung unseres Lebens: die Gemeinschaft mit Gott jetzt und für immer.
Glaube und Gott, der Ewigkeit ist,
Glaube an Gott und unser Leben,
Glaube und Leben jetzt und in Ewigkeit
verschränken sich in der Gemeinschaft mit dem Brot *des* Lebens.

3. Jesus ist es, der verheißt: "Ich bin das Brot des *ewigen Lebens*". Nicht einer "von Schroth und Korn" ist er, der selbstherrlich sich erhöhend aus Steinen Brot macht. Zur Enttäuschung von Dostojewskis "Großinquisitor" gibt er sich zurücknehmend und erniedrigend einmal und ein für allemal hin für das Leben der Welt nach dem Liebesratschluss und Heilswillen Gottes. Denn "also hat Gott die Welt geliebt, dass er seinen eingeborenen Sohn hingab, auf dass alle, die an ihn glauben, das ewige Leben haben" (Joh 3, 16): Leben in Fülle, d. h. Leben jetzt und für immer in der Gemeinschaft mit Gott durch den heiligen Geist. Im Licht von Ostern hat der Tod Jesu Christi die Welt so verändert, dass der Tod zum Weg ins Leben werden kann, wie das Weizenkorn, das in die Erde fällt und erstirbt, "viel Frucht" bringt (Joh 12, 24); so im schon österlichen

Horizont verkündet der Wochenspruch des heutigen Sonntags "Laetare", "Freut euch", der sich auch irgendwie im Sommertagszug der Heidelberger Kinder heute Nachmittag widerspiegelt.
"Ich bin", verheißt Jesus, "das Brot, das *vom Himmel* kommt", aus dem Bereich der Möglichkeit und Wirklichkeit Gottes, dem wir gegenwarten, Brot *des* Lebens als Fleisch gewordenes Wort in Krippe, Kreuz und Auferstehung Jesu.
Wo der Himmel zu ist, uns "auf den Kopf fällt", bleibt das Leben in Fülle verschlossen.
Wo der Himmel offen bleibt, ist der Glaube da.
Wo das Glück des Glaubens widerfahren und erfahren wird, ist Leben in Fülle.

Das Brot, "das vom Himmel kommt" wird uns durch Diskrepanz-, Glück- und Leiderfahrungen hindurch geschenkt als "Gnadenbrot" erfüllten Lebens in der Gemeinschaft des Leibes Christi; "von seiner Fülle haben wir alle genommen Gnade um Gnade", durchlässig für das Leben der Welt und für das Leben bei Gott.
Als Geber und Gabe des "Brotes des Lebens" läd Jesus Christus ein, indem die Bitte "Unser täglich Brot gib uns heute" verbunden ist mit der Weisung: Brich mit dem Hungrigen dein Brot, denn "ich bin hungrig gewesen und ihr habt mich gespeist" (Mt 25, 35), auf dass "Brot *zum* Leben" achtsam "Brot *für* die Welt" werde. So hält das "Brot *des* Lebens" Leib und Seele zusammen. Amen.

Den Fremden Gerechtigkeit

Lev 19, 23f

Mittwochmorgen-Gottesdienst (25. 4. 2012) in der Heidelberger Universitätskirche

"Wenn ein Fremdling bei euch wohnt in eurem Lande, den sollt ihr nicht bedrücken. Er soll bei euch wohnen wie ein Einheimischer unter euch, und du sollst ihn lieben wie dich selbst; denn ihr seid auch Fremdlinge gewesen in Ägyptenland. Ich bin der Herr, euer Gott" (Lev 19, 23f).

Liebe Mittwochmorgengemeinde hier in der Peterskirche,
(1) Integration und Inklusion, differenziert und unterscheidend als interaktive Prozesse, sind Zielvorgaben im kulturellen, religiösen und ethnischen Pluralismus unserer Gesellschaft. Eine personale und eine soziale Dimension haben sie.
So mancher von uns hat schon die Erfahrung des Fremdseins gemacht, sei es am neuen Studienort etwa im Ausland oder als Tourist in nicht vertrauten Kultur- und Naturerben; ich persönlich bei Reisen in Japan und in den USA damals.
So mancher von uns hat Fremden geholfen, heimisch zu werden, sei es durch sprachliche, finanzielle oder rechtliche Unterstützung, durch Einladung nach Hause oder in die Gemeinde; ich persönlich durch langjährige Begleitung ausländischer Studierender; und dann - woran ich mich gern erinnere - durch die mehrmals von mir vorbereiteten und mitgestalteten ökumenischen Christvespern mit Ausländer- und Migrationsgemeinden hier in der Peterskirche als Fest der universalen Freude über die Geburt des Heilandes der Welt hier in unserer Peterskirche; und dann nach 1989 durch die Hineinnahme der zuströmenden Aussiedler aus Russland und osteuropäische Staaten in meine Gemeinde; und dann durch Kontakte und Gespräche mit den verschiedenen muslimischen Gruppen auf ACK-Ebene hier im Heidelberger Raum. Einiges ist versucht und getan worden.
Und dennoch: unsichtbare Glaswände zu den Anderen aus den neuen Bundesländern bestehen bei manchen immer noch; die Fremdheit muslimischer Mitmenschen - oft durch Selbstisolierung oder Ausgrenzung - stellt für manche immer noch eine Grenze dar. Widerwärtige Äußerungen über Ausländer und Behinderte und besonders die Schrecken von Gewalt gegen Migranten fordern Integration und Inklusion immer neu und immer wieder heraus.

(2) Nun ist gewiss Fremdsein auch als anthropologische Grunderfahrung zu verstehen: in der personalen Begegnung des eigenen Ich mit dem Du des Anderen wird der Andere auch als der Fremde erlebt, weil zum Ich des Anderen die Grenze seines eigenen Selbstseins bestehen bleibt. In der Begegnung wird bei der Gemeinsamkeit auch die Differenz des Anderen erfahren. Die personale Beziehung zerreißt - wie Max Frisch: "Der andorranische Jude" zeigt - , wenn das Ich als selbstzentriertes Subjekt das Du des Anderen zum Objekt eigener Vorstellungen macht. "Der Mensch wird am Du zum Ich", sagt E. Lévinas im Anschluss an M. Buber, indem das Du des Anderen grundlegende Bedeutung für das eigene Selbstbewusstsein erfährt; sein Antlitz sucht mich heim, eröffnet Neues für das eigene Ich: Bereicherndes, Unerwartetes und Nicht-Selbstverständliches, wie es im letzten durch Gott begegnet.

Entsprechungen entdecken wir hier zur biblischen Botschaft. Eben hörten wir ein Gebot Jahwes: zusammen mit dem größten und wichtigsten Gebot, wie Jesus das Gebot "Du sollst Gott deinen Herrn lieben von ganzen Herzen, von ganzer Seele und mit all deinem Verstand und deinen Nächsten wie dich selbst" bezeichnet (Mt 22, 37f; Lk 10, 27)); er erfährt so besondere Bedeutung. Zugleich verbindet sich mit diesem Gebot in den biblischen Zeugnissen ein grundlegender Perspektivenwechsel: Nicht der Andere ist der Fremde, sondern Ich.
Wie die Patriarchen Abraham (Gen 12, 10; 17, 8; 20, 1; 21, 23, 34; 35, 37), Isaak (Gen 26, 3), Jakob (Gen 28, 4; 37, 1), Josefs Brüder (Gen 47, 4), Mose (Ex 2, 1ff, 15b) verstand sich mit dem Väterbekenntnis (Deut16, 5- 9) das ganze Volk Israel als fremd (Gen 15, 3; Ex 1, 4; 1. Chr 26, 19; Ps 105, 12; Hes 20, 38; Esra 1, 4): als Fremdling durch die Zuschreibung Jahwes. So bekennt David im Dankgebet 1. Chr 29, 15f: "Dein ist alles, was im Himmel und auf Erden ist. Was bin ich? Was mein Volk ...? Von deiner Hand haben wir dir´s gegeben. Denn wir sind Gäste und Fremdlinge vor dir, wie unsere Väter". Darum erweist Gott sich als "Schutz der Fremden" (Ps 146, 9; Deut 10, 18).

(3) Nun ist auch festzuhalten, dass in Israel selbst die Fremden nicht selten den Armen gleichgestellt wurden (Lev 19, 10; 25, 35, 47; Ps 94, 6); auch als Unbeschnittene waren Ausländer Fremde (Ex 12, 48; Deut 14, 21; Hes 44, 9). Zugleich wurden die Fremden in die Rechte, Bräuche und Feste Israels einbezogen (Ex 20, 10; 23, 12; Num 15, 15f; Deut 1, 16; 16, 11; 31, 12; 2. Chr 30, 25): "Einen Fremdling sollst du nicht bedrücken noch

bedrängen; ihr seid ja auch Fremdlinge gewesen in Ägypten" (Ex 22, 20; 23, 9; Deut 24, 14; Mal 3, 5). "Der Herr, euer Gott, ist der Gott ... , der der Waisen und der Witwen Recht schafft und den Fremdling lieb hat, dass ihm er ihnen Brot und Kleidung gibt. Und ihr sollt den Fremdling lieben, denn ihr seid Fremdlinge gewesen im Lande Ägypten" (Deut 10, 17ff). So lautet das Gebot Gottes, ein Gebot, das im Gastrecht seine Ergänzung findet (Ri 19).

Auch von Jesus wird bezeugt, dass die "Seinen ihn nicht aufnahmen" (Joh 1, 11); als Kind auf der Flucht (Mt 2, 13ff), von den Verwandten nicht verstanden (Mk 6, 1 - 6), hatte er "keinen Platz, wo er sein Haupt hinlegen konnte" (Mt 8, 19). Er selbst aber half gerade auch den Fremden (Joh 4, 1ff) und stellte sie - auch in Überwindung eigener Vorurteile (Mt 15, 21ff) - als Beispiele des Glaubens hin (Lk 10, 25ff; 17, 18). Wie Jesus Fremdsein erfuhr, ja, eine tiefe Entfremdung von Gott dem Vater im Leiden und Sterben am Kreuz (Mk 15, 34), so lässt er in seiner Predigt vom Endgericht das Heil an der Beziehung zu den Fremden entschieden sein: "Ich war fremd und ihr habt mich beherbergt", sagt er denen zur Rechten und denen zur Linken: "Ich war fremd und ihr habt mich nicht beherbergt" (Mt 25, 35, 43).

So wird auch das Leben derer, die an Jesus Christus glauben, und das Leben der christlichen Gemeinde als Fremdlingschaft in dieser Welt charakterisiert. (Hebr 11, 13; 13, 4; 1. Petr 1, 17; 2, 11). Deshalb - vor allem aber durch den gemeinsamen Glauben an Jesus Christus, in dem Gott sich als der Liebende offenbart durch den heiligen Geist, und durch die gemeinsame Taufe und das Abendmahl (Gal 3, 28; 1. Kor 11, 17ff); 12, 12ff; Eph 4, 3 - 7) - gibt es in der christlichen Gemeinde keine Unterschiede zwischen Einheimischen und Fremden "Apg 10, 28). Durch, in und mit Jesus Christus sind die Grenzen durchbrochen zwischen Nahen und Fernen, Fremden und Eingesessenen (Eph 2, 19). Das Geschenk des Glaubens an Jesus Christus durch den heiligen Geist wird zur gemeinsamen Beheimatung in der Fremde und zum Angeld auf die endgültige Heimat bei Gott. Diese "Fremdheit als Heimat" im Glauben wird gelebt durch erweisende Gastfreundschaft (Röm 12, 13 Hebr 13, 2) und durch gegenseitige Annahme, "so wie Christus euch angenommen hat zum Lobe Gottes" (Röm 15, 7). Durch die grundlegende Beziehung von Gott und Glaube erfährt in der Gemeinde Fremdheit eine neue Qualität und einen Perspektivenwechsel: sich selbst als fremd erfahrend im Glauben, wird der Andere in seiner Andersheit und Fremdheit anerkannt und angenommen und zur wechselseitigen Bereicherung in die Gemeinschaft aufgenommen: Integration und Inklusion.

"Wenn ein Fremdling bei euch wohnt in eurem Lande, den sollt ihr nicht bedrücken. Er soll bei euch wohnen wie ein Einheimischer unter euch und du sollst ihn lieben wie dich selbst; denn ihr seid auch Fremdlinge gewesen in Ägyptenland. Ich bin der Herr, euer Gott". Amen.

Freut euch

Phil 1, 15 - 21

Laetare (18. 3. 2012) in der Universitätskirche in Heidelberg

Liebe Gemeinde am Sonntag "Laetare", d. h. "Freut euch", hier in der Peterskirche. Wann haben Sie zuletzt einen persönlichen Liebesbrief geschrieben, herzflimmernd und herzbewegend, freudig gestimmt und Freude weckend, liebevoll und Liebe entfachend, begeistert und geistvoll, ein Ich an ein Du?

Heute hören wir die Liebeserklärung an eine Gemeinde, an die Gemeinde in Philippi, die dem Apostel Paulus besonders am Herzens lag. "Ich freue mich ... Ich danke ... für eure Gemeinschaft am Evangelium", schreibt er.

Auch von uns freut sich mancher und ist dankbar für die Gemeinde der Peterskirche. Auch ich. Seit vielen Jahren halte ich mich zu ihr. Im Gotteslob feierten wir fröhliche und ernstgestimmte, aufrüttelnd prophetische, ansprechend besinnliche oder erkenntnisvertiefende Gottesdienste. Gern tue ich immer wieder den Predigtdienst. Auch wurden meine Kinder hier getauft; wir feierten die Trauung der Tochter hier und die Taufe der Enkelkinder. Ja, "ich freue mich".

Der Apostel Paulus schreibt aus der Gefängnishaft - Gefängnishaft, wie sie in diesen Tagen Pastor Yousef Nadakhani im Iran und Christen in anderen Staaten erleiden - Paulus schreibt an seine Lieblingsgemeinde weiter wie folgt:

"Etliche zwar predigen Christus auch um Neides und Haders willen, etliche aber auch aus guter Meinung: diese aus Liebe, denn sie wissen, dass ich zur Verantwortung des Evangeliums hier liege; jene aber verkündigen Christus aus Streitsucht und nicht lauter, denn sie möchten mir in meiner Gefangenschaft eine Trübsal zuwenden. Was tut´s aber? Wenn nur Christus verkündgt wird auf alle Weise, es geschehe zum Vorwand oder in Wahrheit, so freue ich mich und will mich auch fernerhin freuen.

Denn ich weiß, dass mir dies zum Heil gereichen wird durch euer Gebet und durch den Beistand des Geistes Jesu Christi, wie ich sehnlich warte und hoffe, dass ich in keinem Stück zuschanden werde, sondern frei und offen, wie immer so auch jetzt, Christus verherrlicht werde an meinem Leibe, es sei durch Leben oder durch Tod. Denn Christus ist mein Leben, und Sterben ist mein Gewinn" (Phil 1, 15 - 21).

I.

Liebe Gemeinde, das Ringen von Geltungsanspruch und Toleranz, eingebunden in Machtkonstellationen, prägt seit alters religiöses und ziviles Zusammenleben. Eine immer neue Herausforderung stellt es dar auch in der heutigen religiösen und kirchlichen Pluralität.

Dem religiösen Pluralismus mit diversen Weltanschauungen agnostisch-atheistischer, esoterisch-gnostischer, religiös-fundamentalistischer Provenienz begegnete Paulus in Athen. Uns erreichen heute mehr und mehr fundamentalistische und agnostische Strömungen, die sich z. T. laizistisch in religionsverfassungsrechtlichen Transformationen Europas für die Kirchen im Staat des Grundgesetzes zur Geltung bringen wollen.

Der innergemeindlich-kirchlichen Pluralität begegnet Paulus hier im mazedonischen Philippi.

Paulus schreibt aus der Haft wohl in Ephesus an die philippinische Gemeinde. Bekannt war Philippi als Ort der Gründung des augustäischen Imperiums durch die siegreiche Schlacht Octavians und Antonius gegen die Caesarmörder 42 vor Christus und durch die Lage an der Via Egnatiana; sie führte ins weltliche Zentrum Rom.

Die philippinische Gemeinde ist Paulus deshalb besonders ans Herz gewachsen, weil das Evangelium hier erstmals auf europäischen Boden offene Ohren fand; die selbstständige und selbstbewusste Purpurhändlerin Lydia hatte dem "Evangelium Herz und Haus "geöffnet. Diese erste christliche Gemeinde in Europa war der Anfang. "Ich danke Gott für eure Gemeinschaft am Evangelium" beginnt Paulus den persönlich gehaltenen Brief.

Der persönliche Brief des Absenders an den adressierten Empfänger verbindet, verbindet über Entfernungen. Es ist ein halbseitiger Dialog zwischen einem Ich und einem andern Du, eine Schreibe, die - anders als ein dialogisches Telephonat - wieder und wieder zu lesen überdauert. So auch dieser Brief des Apostel Paulus, gelesen von uns. Durch den Glauben miteinander verbunden, ist es das Evangelium, das den Grund der vertrauensvollen Verbundenheit und Gemeinschaft bildet.

Nicht fehl gehe ich, dass auch so mancher Pfarrer, so manches Gemeindeglied aus längeren Krankheits- oder Abwesenheitszeiten ähnliche Briefe als Zeichen der Verbundenheit an die vertraute Gemeinde schreibt in der Freude über oder mit

Wünschen dafür, dass der Lauf des Evangeliums und die Gemeinschaft in Christus weitergeht und weitergehen wird.

II.

Liebe Gemeinde, nach Paulus Abreise aus Philippi und durch seine Haft waren konkurrierende Konflikte entstanden, denn verschiedene Stimmen machten sich laut. Wie häufig, wenn jemand, scheinbar ersetzbar, ausfällt oder ausscheidet, traten nun gottberufene und selbsternannte Boten auf. Der eine und andere suchte sich zu profilieren und zu positionieren, sei es aus eigennützigen oder aus wahrhaften Motiven.
Paulus aber - wie es dann später auch das Augsburger Bekenntnis, Artikel VIII tat gegen die Identifikation der frühkirchlichen Donatisten von Vollmacht des Amtes und persönliche Lebensführung - Paulus unterscheidet zwischen Botschaft und Boten des Evangeliums. Der Apostel schreibt: "Was tut´s? Wenn nur Christus verkündigt wird"; d.h. wenn nur der Glaube an Jesus Christus durch den heiligen Geist mit der Predigt geschenkt wird.
Das bedeutet nicht gleich-gültige Beliebigkeit, relativierendes "Anything goes", grenzenlose Toleranz, distanziert in Zuschauerhaltung außen vor bleibend. Paulus geht es um das Wesentliche; er nimmt wider Ungeist und Kleingeist Partei für die Wahrheit des sich selbst durchsetzenden Evangeliums, die "Sache" Jesu Christi, seines Herrn: eine durch den heiligen Geist geschenkte Freiheit und Weite aus der Wahrheitsgewissheit dessen, der von Christus ergriffen ist.
Ich selbst freue mich über eine ähnliche Formulierung in der Kundgebung der EKD-Synode "Reden von Gott in der Welt" (Nr. II 1) in Leipzig 1999: "Der Leib Christi soll wachsen ... Es kommt nicht in erster Linie auf den Mitgliederzuwachs zur eigenen Kirche an, sondern darauf, dass Menschen überhaupt eine kirchliche Beheimatung finden". Denn die geglaubte "eine, heilige, katholische und apostolische Kirche" Jesu Christi findet Gestalt in differierenden sichtbaren Kirchen, die sich durch "Gebet und Beistand des heiligen Geistes" in versöhnter Verschiedenheit gegenseitig bereichern.
Paulus geht es um die Wahrheit des Evangeliums, das durch den Predigtdienst im Auftrag des auferstandenen Christus verkündigt und weitergegeben wird in apostolischer Nachfolge, d. h. in apostolischer Sukzession ganz mit Wort und Tat, geistlich und leiblich in der Nachfolge Christi. Der Apostel erinnert die Gemeinde an den tradierten Hymnus: "Ein jeder sei gesinnt wie Jesus Christus"; er erniedrigte sich selbst; für uns hat er sich dahin gegeben, damit wir leben (2, 5ff). Sein stellvertretendes

Fürsein für uns ist der wahre Grund für unser Miteinander- und Füreinandersein. Ihm nachfolgend leben wir in der Geist- und Glaubensgemeinschaft mit Christus, er, Sakrament und Exempeln, wie dann die Reformatoren mit dem Kirchenvater Augustin bekennen. Paulus schreibt in diesem Brief weiter: "Schaffet, dass ihr selig werdet, mit Furcht und Zittern. Denn Gott ist's, der in euch wirkt beides, das Wollen und das Vollbringen, zu seinem Wohlgefallen" (2, 12f). Freilich "nicht, dass ich's schon ergriffen habe ... ; ich jage ihm aber nach, ob ich's wohl ergreifen möchte, nachdem ich von Christus ergriffen bin (3, 12). Ja, "freuet euch in dem Herrn alle Wege" (4, 4).

III.

Liebe Gemeinde, die Freude weist das Miteinander und Füreinander im Glauben an Jesus Christus durch den heiligen Geist im Gebet zu Gott, dem Vater, aus. Der heilige Geist ist es, der - gegen einen missverstandenen "protestantischen Individualismus" - gleichursprünglich den Glauben des einzelnen und der Gemeinde wirkt.

Paulus nimmt die Gemeinde nicht als rein geistliche, gar idealisierte, Gemeinschaft wahr, nicht als platonisierende Idee. Spiritualität ja, aber warum noch Glaube und Kirche?

Die real existierende Gemeinde in Philippi und anderswo als Versammlung der Glaubenden wird bekannt als Gemeinschaft der Heiligen, als Volk Gottes, Leib Christi und Haus des heiligen Geistes, eben als Kirche des dreieinen Gottes. Der Apostel betont ihre Leiblichkeit, ihre aktualisierte und empirische Gestalt, heute auch als Institution oder Organisation zu verstehen; mit ihren Strukturen trägt sie nach der III. These der Barmer Theologischen Erklärung (1934) dienend Sorge für die reine Verkündigung des Evangeliums in Wort und Tat und für die evangeliumsgemäße Verwaltung der Sakramente. "Christus als Gemeinde existierend" nennen die Theologen D. Bonhoeffer und K. Barth die Gemeinde als Christi "irdisch-geschichtliche Existenzform".

Die Leibgebundenheit des Glaubens und der glaubenden Gemeinde zeigt sich in der Feier des Abendmahls und dann auch in Wahrhaftigkeit und Glaubwürdigkeit des Redens und Lebens der Gemeindeglieder: da, wo Reden und Leben sich nicht widersprechen, wo geistliche Lebensordnung und geistliche Lebensform das alltägliche Leben bestimmen; da, wo bei der Buntheit und Verschiedenheit seines Gewandes Christus der Träger ist, da, wo die Sonne inmitten kirchlicher Planeten Christus ist, da, wo die Christusgegenwart alle Lebenswelten mitbestimmt. Denn wir persönlich und als Gemeinde sind da zur Ehre Christi, indem der Lauf des Evangeliums und die

Gemeinschaft in Jesus Christus - trotz Konflikten und Widerständen - weitergeht.

IV.

Liebe Gemeinde, die Christusgegenwart bewahrheitet sich - wie Paulus hier persönlich bekennt - angesichts von Sterben und Tod: Christus, für uns dahingegeben, damit wir leben, wird zur Wahrheitsgewissheit, weil wir Glaubende vor dem Tod nach dem Tod leben. Christi stellvertretende Hingabe für mich ist mir Gewinn; seine Auferstehung ist mir der Grund des Lebens jetzt und immer. Denn er verheißt uns: "Ich lebe und ihr sollt auch leben" (Joh 14, 19). "Wenn das Weizenkorn nicht in die Erde fällt und erstirbt, so bleibt's allein; wenn es aber erstirbt, so bringt es viel Frucht ... Wer mir dienen will, der folge mir nach" (Joh 12, 24, 26), ruft Jesu uns Europäern zu mit der eben gehörten Schriftlesung.

Die Christusgegenwart zeigt sich - wie Paulus in anderen Zusammenhängen betont - in der Mitte unseres Lebens als Freiheit und Verantwortung: in der offenen, nicht beliebigen Pluralität von Gemeinde und Kirche und in der Toleranz, die Grenzen kennt, im kulturellen, ethnischen und religiösen Pluralismus der Zivilgesellschaft. Wahrheitsgewissheit und Toleranz sichern Leben förderndes und Zukunft eröffnendes Zusammenleben auf der gemeinsamen Basis von Menschenwürde und Menschenrechten. Und der christlichen Gemeinde kommt da eine moderierende Kraft und Aufgabe zu.

"Freut euch!", liebe Gemeinde, schreibt der Apostel Paulus. Freude über die Gemeinde in Philippi verbindet sich mit dem dankenden Bekenntnis, "dass Jesus Christus der Herr ist" (2, 11). Es ist das Danken als Denken des Herzens auch heute am Sonntag "Laetare", "Klein-Ostern", wie er auch im Volksmund genannt wird, an dem der vorösterliche Glanz in die Passionszeit schon hineinleuchtet. "Freut euch!".

"Und der Friede Gottes, welcher höher ist als alle Vernunft, bewahre eure Herzen und Sinne in Christus Jesus" (4, 7). Amen.

Das Wort Gottes aber nahm zu

Apg 12, 5 - 19, 24

Predigt am Buß- und Bettag 16. 11. 2011)

um 7,00 Uhr in er Peterskirche in Heidelberg

Liebe Gemeinde des Mittwochmorgen am Buß- und Bettag 2011,
aus der finsteren Nacht mit - sei es erquickendem Schlaf und "Sein wie die Träumenden", sei es mit einholender Schuld und kreisender Angst - will uns das Wort Gottes mit dem heutigen Predigttext führen in den lichtvollen Tag der Lebens in der Freude der Buße und des Gebets. "Freut euch und seid fröhlich über das, was ich schaffe", spricht Gott der Herr mit dem heutigen Losungswort (Jes 65, 18)
Wir hören Apg 12, 5 - 19, 24.

1. Liebe Gemeinde, mit dem Wirklichkeitsverständnis des Glaubens werden Dinge wahrgenommen, die andere weder erkennen noch anerkennen. Die Magd Rhode in dieser Geschichte von Gottes befreiender Führung ist so eine Frau wie auch - wir erinnern uns - das Hündchen des Tobias in der apokryphen Erzählung Tobit. Sie erkennt den tot vermuteten Petrus als Lebenden. Sie weiß, dass trotz aller Hindernisse die Botschaft des Evangeliums nun in die Welt weitergeht. Sie ist der Führung ihres Herrn Jesus Christus gewiss. Und so voll Freude vergisst sie sogar das Tor zu öffnen; sie will - wie schon die Frauen am leeren Grab Jesu Christi - die frohe Botschaft möglichst schnell den andern weitersagen.
Ganz anders war es, als eine Magd Petrus fern vom gefangenen Jesus am wärmenden Lagerfeuer anzeigte, dieser in Verzweiflung beim dreimaligen Hahnenschrei Jesus verleugnete und dann hinein in die Finsternis floh.
Die Magd Rhode ist erfüllt von Freude, dass Petrus, der Apostel des Herrn, lebt; ihre Füße eilen, ihr Mund geht über.
Der um sich kreisende Zirkel der Hausgenossen, angefochten von außen, zweifelnd im innern wie schon Thomas, verbleibt trotz spiritueller Übungen bei sich selbst. Ihre Augen sind gehalten von einem kruden Realitätssinn - sie sind schließlich Realisten - ; sie haben kein Gehör für die befreiende Botschaft. Erst Petrus beharrliches Pochen öffnet die Eingeschlossenen und bereitet Ohren und Herzen für die Verkündigung der

großen Taten Gottes und für Petrus persönliches Zeugnis von Gottes Führung auf seinem Lebensweg:

2. Ja, Petrus, mit den anderen Jüngern vom auferstandenen Christus zum Apostel berufen, predigte mit Vollmacht das Heil Gottes in Jesus Christus an verschiedenen Orten; in Joppe wurde er durch eine Vision gerade auch zu den Nichtjuden gesandt, wie dann die Taufe der Familie des Hauptmann Kornelius zeigte (Apg. 10); in Jerusalem musste er sich dafür rechtfertigen.
Hier nun wird Petrus - es herrschte König Agrippa I., den die römische Großmacht die verschiedenen Teile Israels einen ließ, mit terrorisierenden Anschlägen gegen die christliche Gemeinde - hier wird nach der Ermordung des Jakobus nun auch Petrus in strengste Kerkerhaft gefangen gesetzt mit der Absicht totsicherer Hinrichtung als Märtyrer. Ein weiterer Rückschlag für die Verbreitung des Evangeliums also.
Die Gemeinde aber betet ohne Aufhören für ihn. Beharrlich klopft sie an, die betende Gemeinde drängt bei Gott auf Petrus Rettung und den Weiterlauf der Predigt des Wortes Gottes. Beharrlichkeit ist bekanntlich eine Gabe des heiligen Geistes. Und dem anhaltenden beharrlichen Gebet miteinander und füreinander gehört die Verheißung des Gehörs und der Erhörung nach Gottes freiem Willen und vorauswissendem Vorsehen.
Wohl gerade wegen der verstärkten Posten und wegen der absichernden Schlösser und Riegel werden die Gefangenen und die Wächter vom nächtlichen Tiefschlaf gefesselt.
"Und siehe, der Engel des Herrn kam"; Licht verbreitet der Gottes Macht und Gewalt repräsentierende und auf sie hinweisende Bote des Herrn. Ketten fallen ab. Riegel springen auf. Tore und Mauern sind sperrangelweit offen für Petrus und die Botschaft des Evangeliums.
Doch, ja, doch der Apostel weiß nicht, wie ihm geschieht. Wie ein Träumender nicht bei sich selbst ist, wie ein im vollsten Sinn Unverständiger, der dessen Führung, dem er nachfolgen will, nicht erkennt, eigentlich blind, blind auch für Gottes Zu-Kommen, so lässt Petrus einfach alles an sich geschehen.
Erst da, wo das Land wieder hell und weit und er für seine Berufung und seinen Auftrag frei ist, da fällt es ihm wie Schuppen von den Augen. Sein Selbst gründet durchsichtig und klar in dem, der es gesetzt hat und ihm Bestimmung gibt, in Gott (S. Kierkegaard, Krankheit zum Tode). Nicht: ich erkenne, darum bin ich, cogito ergo sum, sondern: ich werde erkannt als immer schon von Gott geliebt, darum bin ich, cogitor et credo ergo sum - der archimedische Punkt, das Gewisseste im Leben und im Sterben.

Jetzt erkennt, anerkennt und bekennt Petrus seinen Exodus: “Nun weiß ich wahrhaftig, dass der Herr seinen Engel gesandt hat und mich errettet”.
Nicht W. Benjamins Interpretation von P. Klees “Angelus Novus”, eher HAP Grieshabers “Engel der Geschichte”, der, die Vergangenheit im Rücken, die Zukunft vor sich hat, als Gottes Bote, machtvoller Helfer, als himmlische “Geleitsleut” - wie M. Luther sagt - sei es mit menschlichem Antlitz ohne Flügel, sei es ganz anders, führt und weist er den Weg des Petrus. “Dein heiliger Engel sei mit mir, dass der böse Feind keine Macht an mir finde”. “Von guten Mächten wunderbar geborgen, erwarten wir getrost, was kommen mag”.

3. Liebe Gemeinde, Gott hat mit Petrus noch etwas vor, wie er mit einem jeden von uns etwas vor hat. Ketten, Riegel, Schlaf und Unverstand, alle Hindernisse werden frei geräumt, damit das Wort Gottes wachse und zunehme (24): ein einzigartiges “Wachsenwollen gegen der Trend”.
So geht Petrus nun zum Haus des Markus, zu dem, der das älteste Evangelium der biblischen Schriften aufzeichnen wird. Petrus selbst erzählt und gibt Zeugnis von seiner Befreiungsgeschichte; er verkündigt den Vater Jesu Christi als Befreier und Erretter aus den Gefängnissen: Ketten der Angst, Verstrickungen in Schuld, Terror der Sünde und des Todes. Petrus bekennt die Freude der Buße und die Gewissheit der Vergebung. Zukunft eröffnet sie durch das, was Jesus Christus für uns getan hat und für uns ist zu Heil und Leben. Im Abendmahl ist er uns nah und schenkt sich als Geber und Gabe, Zukunft erschließend.
Dann zieht Petrus weiter an andere Orte. Ebenso tut es Paulus und Barnabas. Ebenso geschieht es heute: “Das Wort Gottes aber wuchs und nahm zu” trotz Anfechtung, Zweifel, Müdigkeit, Gleichgültigkeit, Ablehnung - “das Wort Gottes aber wuchs und nahm zu”.
“Freut euch und seid fröhlich über das, was ich schaffe”, spricht Gott der Herr heute morgen. Amen.
Und wir antworten mit dem Lied: EG 34, 1.

Große Wandlung

Jes 29, 17 - 24

Predigt im Abendmahlsgottesdienst am 12. So. n. Trin. (11. 9. 2011) in der Universitätskirche in Heidelberg - "10 Jahre nach Nine Eleven" und "Tag des offenen Denkmals"

Wochenspruch: "Das geknickte Rohr wird er nicht zerbrechen und den glimmenden Docht wird er nicht auslöschen" (Jes 42, 3)

Schriftlesung: Mk 7, 31 - 37

Liebe Gemeinde, das "Gedicht der Hoffnung" des alttestamentlichen Propheten, entstanden in Tagen der Gottesfinsternis, will uns - zehn Jahre nach dem Tod bringenden Terrorakt des 11. September und am heutigen "Tag des offenen Denkmals" - hineinziehen in die Heiligung des Namens Gottes, der "das geknickte Rohr nicht zerbrechen und den glimmenden Docht nicht auslöschen" wird (Jes 42, 3).

1. Ja, mehr hoffen als die Realität scheint erfüllen zu können - diese Erfahrungsweisheit bestätigt sich je neu gegen kruden Realitätssinn durch sich jagende "bad-news": Topographie des Schreckens von "Nine Eleven", die zu Widerstand gegen Terrorismus und zu allseitiger Wahrung der Menschenwürde und Menschenrechte mahnt; Tsunami mit Tod und Zerstörung in Japan, Amok von Schrecken und Leid in Oslo und Utöya, Hungerkatastrophe in Ostafrika, Flüchtlinge auf Lampedusa usw., usw. mit den jeweiligen Herausforderungen an uns. Szenarien von Umweltzerstörung durch CO 2-Ausstoss, Artensterben, Streit um Wasser, "Kampf der Kulturen" lassen manchmal nicht nur Hoffen resignierend verdunsten, sondern drohen ohnmächtig oder gleichgültig die Verhältnisse an sich selbst preiszugeben.
Demgegenüber stehen da Menschen auf, von Freiheit beseelt mit der Vision von Heilung, Frieden, Gerechtigkeit. Denn "was wäre das Leben ohne Hoffnung? Ein Funke, der aus der Kohle springt und verlöscht" (Fr. Hölderlin, Hyperion).

Für mich als Nachkriegskind war wichtig die Vision vom friedlichen Europa durch die Versöhnung mit den französischen und polnischen Nachbarn - heute ist es immer noch der ökumenische Wunsch nach Gemeinschaft in versöhnter Verschiedenheit sich gegenseitig als Kirchen anerkennender Kirchen mit wechselseitiger eucharistischer Gastfreundschaft. Wer die Realität der Vergangenheit und Gegenwart ernst nimmt, wird auch Hoffnung behalten und mehr hoffen als die Fakten scheinen erfüllen zu können. Dem verleiht der prophetische Seher-Dichter in einer Kosmovision vom großen Umbruch oder von der "großen Wandlung" Ausdruck.

Am "Tag des offenen Denkmals" heute geben dieser Perspektive die christlichen Kirchbauten als spirituelle Hoffnungsmale architektonische und ästhetische Gestalt. So auch unsere Universitätskirche. Anders als Mahnwachen des Traumagedächtnisses - wie "ground ziro" - oder wie die "zernichtenden" (Fr. Hölderlin, Hyperion) Trümmer des "Steingerölls der Weltgeschichte" (G. Benn) - vanitas vanitatum, alles ist nichtend nichtig - will die zum Himmel weisende und den Himmel hineinnehmende Architektur der Kirchen Zukunft er-innernd Hoffnungszeichen sein: die Kaiser-Wilhelm-Gedächtniskirche in Berlin, die Frauenkirche in Dresden und so die Peterskirche in Heidelberg: dreischiffig im neugotischen Stil gebaut, ist sie nach der bewegten Geschichte von 1196 und 1485 seit 1896 unsere Universitätskirche. Mit den Transluzenzerlebnisse vermittelnden Schreiter-Fenstern "Auferstehung", "Frieden", "Heiliger Geist", "Himmlisches Jerusalem", mit den transzendierende Horizonte eröffnenden Bildern von Hans Thoma, besonders "Jesus und der sinkende Petrus": "O, du Kleingläubiger, warum zweifelst du?" (Mt 14, 31) - mit all dem erweist sich unsere Peterskirche in ästhetischer Schönheit zur Ehre Gottes als spiritueller Ort der Hoffnung. "Hephata. Tu dich auf, Augen und Ohren!".

2. Liebe Gemeinde, auch die sprachliche Ausdruckswelt mit ihren Wort-Bildern, Symbolen und Metaphern erhellt und erstellt horizontverschmelzend und horizonterweiternd Perspektiven neuer Wirklichkeit. Das geschieht im prophetischen Protest-Gedicht vom visionären Umbruch in Natur und Gesellschaft, d. h. von Gottes Zukommen und Zukunft schaffender Wende hin zum Natur und Menschen umschließenden Heil und Segen.-

- Mögen unsere Stirnfalten den weiten Blick nicht gleich skeptisch verkürzen. Mögen wir unser Gehör nicht gleich abweisend verschließen. Lassen wir unseren Verstand diese Vision nicht gleich aus Projektionsverdacht, ideologischen oder religiösen, als unrealistisch beiseite schieben. Schließlich seien wir Realisten. -

Wer die Fakten der Gegenwart ernst nimmt - auch die Traumata - wird Hoffnung auf Veränderung der Realität erfahren. Wer Hoffen aufgibt, gibt die Gegebenheiten der Realität an sich selbst preis.

In diesem Hoffnungsgedicht werden - anders als in einer Utopie etwa vom Paradies auf Erden als Schlaraffenland - in diesem Hoffnungsgedicht werden äußere Wandlung der Mitwelt und innere Wandlung des Menschen verbunden. "Prinzip Hoffnung" und "Prinzip Umkehr", "Kontemplation und Kampf", Gebet und Verantwortung gehören zusammen und geben der Wirklichkeit einen neuen Schein.

Mit aufmerkendem Gehör vernehmen wir die Hoffnung des Propheten (Jes 29, 17 - 24):

"Ist's denn nicht nur noch ein kleines Weilchen,
so wandelt sich der Libanon in einen Baumgarten,
und der Karmel wird zum Waldland gezählt.
An jenem Tag werden (selbst) die Tauben Worte der Schrift hören
und, (befreit) von Dunkel und Finsternis, werden die Augen der Blinden sehen.
Dann werden die Demütigen /an Jahwe/ Freude um Freude erleben
und die Ärmsten der Menschen /über den Heiligen Israels/ jauchzen.
Denn aus ist's mit dem Tyrannen und zu Ende mit dem Prahler,
und ausgerottet sind alle, die auf Frevel lauern,
die bei einem Rechtsfall Menschen schuldig erklären
und dem, der im Tor zurechtweist, Fallen stellen
und den, der im Recht ist, mit Nichtigkeiten abweist.
Darum spricht Jahwe, der Gott des Hauses Jakob, der Abraham erlöst hat, also:
Jetzt muss sich Jakob nicht (mehr) schämen
und sein Antlitz nicht (mehr) erbleichen.
Denn wenn es /seine Kinder/, das Werk seiner Hände, sieht,
So wird es in seiner Mitte meinen Namen heilig halten.
/Und sie werden heilig halten den Heiligen Jakobs
und vor dem Gott Israels erschrecken./
Und es werden zur Einsicht kommen, die verwirrten Geistes sind,
und die murren, werden Vernunft annehmen." (Jes 29, 17-24 nach H. Wildberger)

Die Kosmovision vom Umbruch zum Erde, Natur, Gesellschaft, Volk Israel umschließenden Heil und Segen gegen den Augenschein findet hier poetischen Ausdruck:
Es wird sein gesundete, nicht mehr ausgebeutete Natur.
Recht und Gerechtigkeit werden wieder Geltung haben gegen Rechtsbeugung und Ungerechtigkeit.
Freude wird herrschen bei denen, die Mangel leiden.
Die Kehre und Umkehr der Menschen lässt keine hoffnungslosen Fälle mehr sein.
Denn das Gehör der Menschen ist wieder offen für das Wort Gottes und sein Gebot;
der Blick der Menschen ist wach für Gottes Wirken und für die großen Taten Gottes in ihrer Mitte. So sind die Menschen bei Vernunft und kommen endlich zur Einsicht . - Auch heute? - Ich bin gewiss: Ja! -
Darum preist das Volk den Gott Israels - heilig ist er - in verehrender Ehrfurcht und hingebender Liebe. Die Gemeinde feiert Gott; sie heiligt den Namen Gottes: er, "tremendum und fascinosum", finsteres Von-sich-stoßen und liebendes Zu-sich-ziehen, Richter und Erbarmer.
- Auch wir bekennen den Glauben an Gott, den wir "über alle Dinge fürchten, lieben und vertrauen". Welch ein Gott! - "Dein Name werde geheiligt", auf "dass er auch bei uns heilig werde" in Gemeinde und Volk, durch Lehren und Leben, Reden und Handeln.
-
In scheinbar gottferner Zeit richtet also der Prophet, der davon überzeugt ist, dass Gott an seinem Volk gehandelt hat, den Blick hoffnungsvoll in die Zukunft, die Gott gehört. Und diese ist für ihn ganz nah: "Nur noch kurze Zeit, nur noch ein kleines Weilchen, dann...".

3. Liebe Gemeinde, dieses adventliche Nahesein wird Gegenwart im Zukunfts- und Hoffnungsträger Jesus Christus. Die versöhnende und neuschaffende Liebe Gottes - heilig ist sein Namen auch in "unserer Mitte" - offenbart sich in ihm zum Heil und Segen der Welt: die heilsgeschichtliche Wende, Zeitenwende Gottes, Licht der Welt, Umbruchereignis, das Schon und Noch-nicht-aber-bald. Nicht Gedenken an Vergangenes, sondern er-innernde Gegenwart der Zukunft Gottes.
Vergegenwärtigung und Vorwegnahme verschränken sich. Die Gegenwart des Zukommenden, dessen wir er-innert werden im verkündigten Evangelium und im Gnadengeschenk der Sakramente, erweist seine Zukunft eröffnende Macht personal,

sozial, kosmisch: Gottes Reich als Zukunftstat Gottes in Person, Predigen, Heilen, Kreuz und Auferstehung Jesu Christi: "Blinde sehen und Lahme gehen, Aussätzige werden rein und Taube hören, Tote stehen auf, und Armen wird das Evangelium verkündigt" (Mt 11, 5).
Mit aufmerksamem Gehör und offenem Blick nehmen wir "Vorletztes und Letztes" glaubend-hoffend und unterscheidend, die Leben fördernden und Zukunft erschließenden Taten der "Hände" Gottes wahr; segensreich oder segengenügend, Spuren ziehend oder Spurenelemente. "Heilig" ist sein Namen; ihn sollen wir "fürchten und lieben", indem wir "Rechenschaft geben von der Hoffnung", die uns trägt.

In der Anamnese der Abendmahlsfeier, in der wir Gottes Taten der Erlösung und Neuschöpfung er-innern, feiern wir dankbar das sich vergegenwärtigende und vorweggenommene Heil und den Segen in Jesus Christus, dem Licht der Welt.
Wir er-innern, dem Zu-kommen Christi entgegenwartend, die persönliche, soziale und kosmische Neuschöpfung in Christi Tat der Versöhnung und Erlösung für uns und die Welt. Er, Geheimnis des Glaubens, gleichzeitig mit uns, wird Geber und Gabe der Eucharistie und schafft "diese Welt neu nach seiner Liebe" durch den heiligen Geist, dem Angeld und Vorgeschmack unserer Zukunftshoffnung.
- Kommt, Ihr seid geladen. Hört und seht und schmeckt. -
Und so mit dem dreimalig gesungenen "Heilig" preisen wir Gott, des Namen "heilig" ist, inmitten der Gemeinde und mit den Christen aller Zeiten und Räume vor der Welt. Wir feiern Gott. Und unser Gotteslob wird hineingenommen in das himmlische der uns Vorausgegangenen.
"Maranatha. Unser Herr kommt!"
- "Ja, komm" antworten wir, Licht der Welt, hoffend Glauben gegenwärtig verantwortend in Rede und Tun der Liebe.

Liebe Gemeinde, auf diese Wirklichkeit des Glaubens, der Liebe und der Hoffnung - anders und weiter als unser kruder Realitätssinn ist sie - verweisen die Kirchenbauten als spirituelle Hoffnungsmale zur Ehre Gottes heute am "Tag des offenen Denkmals". Auf diese Wirklichkeit des Glaubens, der Liebe und der Hoffnung verweist gegen den Augenschein das prophetische Gedicht von Gottes Willen für die Zukunft eröffnende Neuschöpfung. Dieser Wirklichkeit des Glaubens, der Liebe und der Hoffnung sind wir gewiss in unserm bekennenden Lobpreis: "Heilig, heilig, heilig ist der Herr Zebaoth.

Alle Lande sind seiner Ehre voll. Hosianna in der Höhe. Gelobt sei der da kommt im Namen des Herrn. Hosianna in der Höhe".

Und der Friede Gottes, der höher ist als unsere Vernunft, der bewahre eure Herzen, Sinne, Vernunft und verantwortliches Tun in diesem Glauben, dieser Liebe und dieser Hoffnung. Amen.

**"Des Menschen Herz erdenkt sich seinen Weg;
aber der Herr allein lenkt seinen Schritt"**

Spr 16, 9

Gehalten anlässlich des 625. Jubiläums der Universität Heidelberg als Gastprediger der Theologischen Fakultät am 8. 5. 2011 in der ARCHE / Heidelberg-Kirchheim zu "Zwischen Torheit und Weisheit"

Glaube und Vernunft - lassen sie sich im Leben von mündigen, verantwortungsbewussten Menschen verbinden? Eine Frage damals und heute.
Auch damals verstanden sie sich aufgeklärt: "Habe Mut dich deines eigenen Verstandes zu bedienen".
Damals rund 1000 Jahre vor Christi Geburt zur Zeit der "Salomonischen Aufklärung" machten sie naturwissenschaftliche, gerade auch astronomische, Experimente, stellten Hypothesen auf, realisierten technische Projekte, wie wir es heute in anderer Weise tun in Nano-, Gen-, Kommunikations- und Weltraumtechnologie. Damals sammelten sie Erfahrungswissen über physische, soziale und politische Prozesse menschlichen Lebens und Zusammenlebens, wie wir heute an neurologischen, demographischen und ökologischen Forschungen Anteil nehmen. Damals, eingebunden in den bunten und vielstimmigen Kulturraum des Alten Orients, waren sie interessiert an allem Fremdländischen, wie wir heute in einer sich globalisierenden Welt tolerant sind gegenüber allem Neuen.

1. Aufgeklärte Vernunft, Fähigkeit des Verstandes in natürlichen Dingen führte nun aber nicht, liebe Gemeinde, zum Absolutheitsanspruch naturalistischer Gesetzmäßigkeiten und menschlichen Wollens und Machens, abschließend und ausschließend, wie von manchen heute ideologisch vertreten. Nein! Aufgeklärte Vernunft und die Fähigkeit des Verstandes in natürlichen Dingen verband sich mit der alles bedingenden Gottesbeziehung und mit dem Vertrauen in Gottes gegenwärtiges Walten und fügende Fügungen zu gelingendem Leben in Menschen- und Naturgeschehen. Die Hochachtung vor der Würde des Menschen (Gen 1, 27ff; Ps 8), die verantwortliches Eigentun und

profane Eigengesetze anerkannte, war offen für das Geheimnis von Gottes Mitsein, Leiten und Begleiten. Nicht als Gottes Marionette oder Schachfigur verstanden sich die Menschen, aber auch nicht von Gott verlassen und sich selbst überlassen.
Zugleich verband sich mit dem Respekt vor der Würde des Menschen das Wissen um die eigene Endlichkeit. Die Leben zerstörende und Zukunft verschließende menschliche Selbstsucht und Gier erinnerte sie tagtäglich an die sintflutartige Gewalt der Sünde und des Bösen, geboren aus den eigenen Herzen (Gen 3; 4; 6; 7). Der Widerspruch von menschlichem Wollen und menschlichem Tun und Vollbringen ließ sie nicht los.
Die aufgeklärte, nicht verabsolutierte und nicht ideologisierte Vernunft, wusste um Grenze, Mitte, Geheimnis: um die Grenze menschlichen Erkennens und Lebens; um die Ehrfurcht vor dem Geheimnis des Unerforschlichen, Unvordenklichen und Unverfügbaren; um die Mitte und vermittelnde Gottesbeziehung, der die "Grenze der Vernunft" Raum schafft (I. Kant, Kritik der reinen Vernunft, Einleitung zur 2. Auflage). Die Offenheit für Gott und die grundlegende und tragende Gemeinschaft mit Gott bestimmte das eigene Selbst-, Menschen- und Weltverständnis. Denn "die Furcht Gottes ist aller Weisheit Anfang" (Ps 111, 10; Spr 9, 10; 15, 32) nach der Logik des Lebens damals und, ich bin überzeugt, heute.

2. Liebe Gemeinde, das kollektive Bewusstsein prägte im Geist der "Salomonischen Aufklärung" ein Erfahrungswissen, das in von Müttern und Vätern, von Schulen und Lehrhäusern überlieferten, immer wieder neu berichteten weisheitlichen Geschichten und Weisheitssprüchen weitergegeben wurde. Wir alle leben ja von dem, was von vorangegangenen Generationen geschaffen und gedacht wurde, und wir von ihnen gehört und geerbt haben.
Eine dieser weisheitlichen Geschichten ist die Josephserzählung. Sie erinnern sich: Joseph war ein intelligentes, aber verzogenes und arrogantes Bürschchen. Die darüber verärgerten Brüder sperrten ihn als Denkzettel in einen dunklen Brunnenschacht. Durch eine Karawane wurde er ins fremde Ägypten ausgeliefert. Dort, völlig am Boden, erinnerte er sich an den Gott seiner Väter. Es gelingt ihm schließlich durch Fleiß, Intelligenz und Kompetenz ein Karrieresprung. Doch dann - wieder Absturz, aufs Kreuz gelegt: in einer verführerischen Versuchung verhält es sich korrekt, gottesfürchtig und glaubwürdig wie er ist. Und dennoch, wie durch Dunkel zum Licht, wird er erneut erhöht; er wird erfolgreicher Planungschef der ägyptischen Volkswirtschaft. In diesem Augenblick lässt eine heimische Hungersnot die Brüder Josephs in Ägypten um Hilfe

nachsuchen. Hier und jetzt kommt es durch verwirrende Umstände hindurch zur Zukunft eröffnenden Versöhnung.
In diesem Zusammenhang spricht Joseph als Schlüssel, der das Sinn- und Gesamtgefüge des Lehrstücks aufschließt, den Satz: "Ihr freilich plantet es böse mit mir; aber Gott hat Gutes damit geplant" (Gen 50, 20). Gott bewahrt nicht vor dem Leid, aber im Leid. Und Gott kann aus Bösem Gutes erwirken.
Joseph ist bei eigenem Fleiß, Intelligenz und Kompetenz der Begleitung und Führung Gottes gewiss; er weiß um die eigene Grenze, wenn er da fragt: "Bin ich denn an Gottes Statt". Joseph, ein Gottesfürchtiger mit der Weisheit des Vertrauens und der Weisheit der Demut.

Diese Gottesfurcht als Lebensweisheit bewies Salomo bei seinem Urteil über die beiden um ihr Kind streitenden Mütter. Sie erinnern sich: Weisheit war ihm eigen und wurde ihm zugeschrieben, weil Gott ihm auf seine Bitte statt Reichtum und Macht Weisheit verlieh, Weisheit des Vertrauens und Weisheit der Demut. Der Weise ist der Gegensatz zum Toren, der in seinem Herzen spricht: "Wo ist denn Gott?" Es ist kein Gott (Ps 14,1; Sir 20, 22, 25, 33). Weisheit ist auch der Gegensatz zur Begierde etwa des sich klug dünkenden Königs Midas; auf seinen Wunsch verwandelte sich alles, was er anfasste, zu Gold, wodurch er elend verhungerte und erstickte nach der Logik des Todes.
Gott ist es, der Salomo die Weisheit, im Alltag zu leben in der Gottesbeziehung, schenkte. Aber auch Salomo, wie wir wissen, irrte ab vom Weg Gottes, war mit Gott über Kreuz; Gemeinschaftslosigkeit mit Gott und Selbstverschließung gegen den guten Willen Gottes machten ihn zum Toren. Und dennoch: weil Salomo umkehrte und sich hinkehrte zu Gott, zur alles bestimmenden Mitte, erneuerte Gott erbarmend die Gottesbeziehung zum Leben.

3. Als Gabe und Antwort der Weisheit Gottes erweist sich die Weisheit des Gottesfürchtigen, liebe Gemeinde. Die alt- und neutestamentlichen Zeugnisse sprechen viel von Weisheit. Sie unterscheiden, ohne zu trennen, zwischen Gottes Weisheit und Weisheit des Glaubenden sowie menschlicher Klugheit und menschlicher Torheit. Etwa zeitgleich zur Josephserzählung findet das in Weisheitssprüchen seinen verdichteten Ausdruck. In Wörter gegorenes Erfahrungswissen, von Generationen erworben, bestätigt und weitergegeben, stellt das Wort Sprüche 16, 9 dar: "Des Menschen Herz erdenkt sich seinen Weg; aber der Herr allein lenkt seinen Schritt", wie der frühere

Professor für alttestamentliche Theologie Gerhard von Rad zeigt (ders., Weisheit in Israel, 1970). Manchem mag das Bonmot des Skeptikers Wilhelm Busch einfallen: "Erstens kommt es anders, zweitens als man denkt" oder der geflügelte Satz: "Der Mensch denkt, Gott lenkt". Doch anders will - wie der Schlüssel der Josephsgeschichte - dieser Weisheitsspruch nicht nach rückwärts verstehen, sondern nach vorn erinnernd, Leben dienen und Zukunft eröffnen.

Zwei Hauptsätze werden durch ein Aber verbunden und unterschieden. Der erste handelt von uns Menschen, von unserem Klugsein, Planen und Tun - damit auch von unserem Eigenwillen gegen den Willen Gottes im Riss. Der zweite handelt von Gott, von Gottes Weisheit, Leiten und Erbarmen - auch trotz unserer Gemeinschaftslosigkeit mit Gott im Riss. Beide Wege, Linien, irgendwie

Lebenslinien, schneiden sich, sind mit einander verbunden, sind aber auch unterschieden und bewegen sich gegen einander: Gottes Handeln, unser Tun, näher als wir uns selbst sind, begleitend und leitend, widerspricht unserem Planen, durchkreuzt unsere Wege.

Durchkreuzung von Lebenslinie und Weg, die uns abstürzen lässt und niederzudrücken droht - wer wüsste nicht von Schicksalsschlägen auf seinem Lebensweg: katastrophischer Unfall, leidvolle Trennung, geschäftliche Insolvenz, negative Krankheitsdiagnose. Aber da ist auch die andere Linie: ein Professor erzählt im Nachherein, wie in sein tägliches Einerlei mit Vorlesungen, Vorträgen und Kongressen, verplant über mehr als zwei Jahre und gehetzt vom Kalender der Zeitsparer, der schwere Herzinfarkt einbrach. Alles änderte sich mit einem Schlag: die früher so wichtigen Termine, die er durch seine Vitalität einhalten konnte, wurden unwichtig. Die Beiträge, durch die er auffiel und sich einen Namen gemacht hatte, wurden unwichtig. Jetzt hatte er Zeit, nicht nur ein Jahr, fast zwei Jahre, bis er geschwächt an Krücken gehen konnte. Er selbst sah es rückblickend so: ihm wurde Zeit gegeben für sich, für das, was letztlich gilt, gerade dann, wenn man mit dem Leben ringend nur schwach ist. Eine Umwertung der Werte eröffnete die Durchkreuzung seines Lebensweges, eine neue Sicht, ein neues Selbst-, Menschen- und Wirklichkeitsverständnis.

Wie aus "Schicksal" Geleit und "Führung" Gottes wird?, fragte D. Bonhoeffer einmal in seinen letzten Briefen in "Widerstand und Ergebung" (21.7. 1944).

Dunkel ereilt das Schicksal als dingliches Neutrum, als liebloses Gesetz den Menschen. Das vermummende Es des "Schicksals" durchbrechend, begegnet Gottes "Führung"

Zukunft eröffnend als "Du" dessen, der seinen Namen kundtut "Ich bin der ich bin, und ich werde dasein für dich als der ich dasein werde" konkret, und dem der Gottesfürchtige antwortet: "Dein bin ich, o Gott".
Wie die beiden Linien sich schneiden und die beiden Wege sich durchkreuzen, signalisiert als Schlüssel - wie D. Bonhoeffer einmal sagte (GS IV, 623ff)- das Kreuz Jesu Christi: im Gekreuzigten hat Gott das Geheimnis seiner Liebe ansichtig gemacht. Das "Wort vom Kreuz" erschließt die Liebe Gottes für uns Weise, Kluge oder Törichte, tröstend, vergebend oder mahnend.

4. Liebe Gemeinde, Gottes immer schon geltender Heilswille ersieht für jeden von uns einen Weg: unsere Bestimmung zur Gemeinschaft mit Gott jetzt und in Ewigkeit durch den Glauben. Glaube meint das grundlegende, Leben bestimmende Vertrauen auf den, der Leben, Heilung und Heil will, auf Gott der Liebe und des Trostes. Gemeinschaftslosigkeit mit Gott und Selbstverschließung gegen den Willen Gottes zum Leben meint Torheit; als sich selbst suchende Selbstsucht und sich selbst verabsolutierender Verstand ist sie der Logik des Todes, dem Nichts, und als Logik der Sünde, dem Unglauben verhaftet. Gottes Liebe aber schenkt Leben und Vergebung, gelingendes Leben im Sog des ewigen Lebens.
Die am Kreuz offenbare Liebe Gottes schenkt sich uns - wie M. Luther vor nunmehr 493 Jahren hier in Heidelberg provokant und prophetisch zur Erneuerung von Theologie und Kirche, Wissenschaft und Universität, Beruf und Gesellschaft erklärte, - die am Kreuz offenbare Liebe Gottes schenkt sich uns "sündigen, törichten, schwachen" Menschen, um uns zu "Gerechten, Weisen, Starken" zu machen; und "so strömt sie heraus und teilt Gutes aus. Denn die Sünder sind deshalb schön, weil sie geliebt werden" (Heidelberger Disputation, These 28). Konträr zur menschlichen Torheit und im Widerspruch zum verabsolutierten Verstand eröffnet die Liebe Gottes das neue Selbst-, Menschen- und Wirklichkeitsverständnis, das Glaube und Vernunft Zukunft eröffnend verbindet. Die Liebe Gottes gibt der "Welt einen neuen Schein", indem Gott in Jesus Christus, "dem Spiegel seines väterlichen Herzen", die Liebe schenkt, die zur Liebe fähig ist: Vergeben gegen die Logik der Sünde, Lebensweisheit gegen die Logik des Todes.

5. Liebe Gemeinde, heute am 8. Mai, "Tag der Befreiung" danken wir. Wir danken, dass Gottes Wege mit und durch unser Denken, Planen und Tun 66 Friedensjahre geschenkt

haben. Zugleich er-innern wir die Leben fördernden und Zukunft eröffnenden weisheitlichen Sätze des früheren Bundespräsidenten R. von Weizsäcker an diesem Tag 1985 als gegenwärtige und zukünftige Selbstverpflichtung: "Ehren wir die Freiheit. Arbeiten wir für den Frieden. Halten wir uns an das Recht. Dienen wir unseren inneren Wertmaßstäben" - und ich füge hinzu - mit der Vernunft des Glaubens. "Schaffet dass ihr selig werdet mit Furcht und Zittern. Denn Gott ist es, der in euch wirkt das Wollen und das Vollbringen" (Phil 2, 13). Amen.

Transparenz der Christusgegenwart

Joh 1, 15 - 18

Predigt am Epiphaniasfest 2011 in der Peterskirche in Heidelberg

Epiphanias, liebe Gemeinde, "gibt der Welt ein` neuen Schein".
Heute feiern viele orthodoxe Schwesterkirchen - d.h. auch die koptischen - die Geburt des Heilandes der Welt. Noch vor dem westlichen Weihnachtsfest zur Wintersonnenwende am 25. Dezember, u. zw. schon am Ende des 3.Jahrhunderts, ist Epiphanias in den ostkirchlichen Gebieten bezeugt als ältestes Christusfest: etwa in Kappadokien, von wo nicht wenige syrisch-orthodoxe Christen um des Glaubens willen bei uns Beheimatung suchen, und in Ägypten, wo in Alexandrien nach dem Neujahrsgottesdienst ein terroristischer Fanatiker viele koptische Christen auf schändliche Weise in Tod und Leiden stürzte.
Das Epiphaniasfest verband zunächst die Menschwerdung Gottes mit der Taufe Jesu, der Ankunft der Weisen und der Hochzeit zu Kana liturgisch und heterologisch, um, sich entflechtend, dann die Geburt Christi und die Ankunft der Weisen als Wiederkehr des Glanzes in der weiten Welt im reichskirchlichen Weihnachtsfestkreis bis heute zu er-innern.
Gefeiert wird die heilsgeschichtliche Epiphanie Gottes im Logos-Wort; Vergangenheit, Gegenwart und Zukunft menschlicher Zeit bindet der Epiphaniasgottesdienst ein in Gottes Zeit, indem der dreieine Gott im einziggeborenen Sohn, unserm erstgeborenen Bruder, durch den heiligen Geist das universale Heil heute verheißt und schenkt.

Die Gnade unsers Herrn Jesus Christus und die Liebe Gottes und die Gemeinschaft des Heiligen Geistes sei mit uns allen.

Wir hören den heutigen Predigttext Joh 1, 15 - 18 von Vers 14 an:
"Und das Wort ward Fleisch und wohnte unter uns, und wir sahen seine Herrlichkeit, eine Herrlichkeit als des eingeborenen Sohnes vom Vater, voller Gnade und Wahrheit. Johannes zeugt von ihm, ruft und spricht: Dieser war es, von dem ich gesagt habe: Nach mir wird kommen, der vor mir gewesen ist; denn er war eher als ich. Und von seiner

Fülle haben wir alle genommen Gnade um Gnade. Denn das Gesetz ist durch Mose gegeben; die Gnade und Wahrheit ist durch Jesus Christus geworden. Niemand hat Gott je gesehen; der eingeborene Sohn, der in des Vaters Schoß ist, der hat ihn uns verkündigt."

Kanzelgebet: In meine Stummheit leg Dein Wort
In mein Dunkel schein herein
Herr, lass uns hören, was Du sagst
Herr, lass uns Dir gehorsam sein. Amen.

1. "Niemand hat Gott je gesehen" - ein stehender Begriff, liebe Gemeinde, hier im Johannesprolog (1,18) wie auch in der Liebeserklärung des 1. Johannesbriefes (4, 12a). Ja, in den Grenzen von Raum und Zeit sinnlichen Wahrnehmens ist Gott nicht anschaubar. Eine grundlegende Feststellung Kantischer Aufklärung und biblisch-theologischen Erkennens.

Zugleich spricht der Satz eine Sehnsucht aus: das Sehnen eines Mose, der dann nur Gottes Rückenansicht aus einer Festkluft wahrnehmen durfte, der auf dem Wüstenweg das - trotz der Erfahrung täglicher Fürsorge - in Selbstsorge kreisende Volk nur auf die eherne Schlange als Rettungszeichen weisen konnte (Lev 21, 4ff); weiter: das Sehnen eines Elia, der nur im linden Wehen die Zersetzung der Gottesfinsternis erlebte (1. Kön 19, 12); schließlich: das Sehnen eines Hiob, der, von Unglück und Leid heimgesucht, nur die verborgene Nähe des Leben schaffenden Schöpfergeistes in der entgrenzenden Weite des Kosmos und in den Schönheiten der Natur ehrfürchtig bestaunte (Hi 38).

Und auch klingt in diesem Satz "Niemand hat Gott je gesehen" D. Bonhoeffers Grenzaussage mit: Gottes "Unsichtbarkeit macht uns kaputt. ... Dieses wahnwitzige dauernde Zurückgeworfenwerden auf den unsichtbaren Gott selbst..." (Brief an H. Rößler vom 14.10.1932, in: GS I, 61)

Es geht um ein Sehnen, aber auch Erahnen von Transparenz in Unübersichtlichkeiten, von Klarheit in Zwielichtigkeiten, von Licht in Finsternissen, von Sinn in Sinnverwehungen, auch von Glaubwürdigkeit trotz Unwahrhaftigkeiten, von Relevanz trotz Relativierungen, von transzendenter Offenheit gegen naturalistisch oder technokratisch abgeschlossenen Systemen, von sich bewahrheitender Wahrheit gegen geheimnisresistenter Verborgenheit, von gnädigem Erbarmen für heilvolle Verhältnisse.

Persönlichkeiten der kultur-, lebens- und naturwissenschaftlichen Klasse weisen nicht selten in ihrer Forschungsarbeit, Grenzen anerkennend, mit staunender Ehrfurcht und in bloßen Chiffren auf das Unerforschliche, Unerklärliche, Unzugängliche, Unvordenkliche, das Verborgene, das Andere, das Geheimnis, sei es als dichterische Ausdruckswelt entgrenzender Transzendenz, sei es als existentielle Erfahrung menschlicher Endlichkeit, sei es als Voraussetzung, die der Mensch sich nicht selbst gegeben hat und zu geben vermag, sei es als Respekt und Ehrfurcht nicht vor Rätseln, sondern vor dem Geheimnis, dem Arcanum, dem Mysterium.

2. Das Wissen, liebe Gemeinde, um die Grenzen der Vernunft vermag nicht nur über sich hinausweisend ein Ahnen des Anderen in Chiffren anzudeuten. Auch die Möglichkeit der Offenbarung als Geheimnis seiner Verborgenheit lässt sie offen. Diese aber geschieht bei der Unterscheidung von Gottes Handeln und menschlichem Tun allein durch Gott: Gottes Ewigkeit in der Zeit; Gottes Herrlichkeit im Menschen Jesus; Gottes Selbsterschließung im Kind in der Krippe und im Mann am Kreuz - irgendwie paradox.

Dieses Geheimnis verkündet mit dem Wochenspruch dieser Woche der Predigttext: "Das Wort, der Logos Gottes, ward Fleisch und wohnte unter uns und wir sahen seine Herrlichkeit" (1, 14). Das ist der originäre Zugang der Epiphanie Gottes. Das ist der Anfang - nicht als Fossil, sondern als Erinnern nach vorn. Das ist der Anfang nicht nur im Jahresrhythmus, sondern an jedem neuen Tag; denn "von seiner Fülle haben wir alle genommen Gnade um Gnade" gleichzeitig damals wie heute und wie in Zukunft.

Da ist alles anders anders:

Der garstige Graben menschlicher Zeitvorstellungen wird mit Gottes Verschränkung der Zeitfenster zu unser und Christi Gleichzeitigwerden durch den Glauben relativiert. Wie für Johannes den Täufer so auch für die christliche Gemeinde gilt: nach mir wird kommen, der vor mir, d. h. mir voraus gewesen ist. Denn in die diktierte Beschleunigung von uns Zeitsparern scheint die Ewigkeit Gottes herein.

Und weiter: Mangel wird aufgehoben, denn von seiner Fülle haben wir alle genommen Gnade um Gnade. Es ist genug für alle da. Und keiner meine, dass er so dastehe, dass er der Gnade nicht bedürfe.

Und ferner: das Unsichtbare wird sichtbar, denn der Einziggeborene, der - wie der Heidelberger Neutestamentler Hartwig Thyen erklärt - Gott von Art und "stets zum Vater geneigt" ist, verkündigt ihn uns. Und wo nach der kopernikanischen Wende die

autonome Vernunft ihre Grenzen kennt und dem Glauben Freiheit lässt, macht sich der verborgene Gott, menschliche Schranken überwindend, in Christus erkennbar und erfahrbar; im Logos-Wort betritt er unsere Welt, kommt in unser Leben und spricht in menschlichen Wörtern so, dass wir aufhorchen und ihn zu verstehen beginnen.
Und schließlich: Das Erbarmensgesetz des Mose wird überboten, denn die Gnade und Wahrheit ist durch Jesus Christus geworden einzig und universal.
Da ist alles anders anders.
Denn "Gott, der da hieß das Licht aus der Finsternis hervorleuchten, der hat einen hellen Schein in unsere Herzen gegeben, dass durch uns entstehe die Erleuchtung zur Erkenntnis der Wahrheit in dem Angesicht Jesu Christi", dem wir entsprechen im antwortenden Glauben (2. Kor 4, 6).
So die Verheißung des epiphanen Erschließungsgeschehens der Menschenfreundlichkeit Gottes an uns: "unser Selbst gründet durchsichtig in der Macht, die es gesetzt hat" (S. Kierkegaard, Die Krankheit zum Tode); mit Epiphanias ist unser Leben ein Weg mit dem Leben Gottes, das sich an uns Menschen verschenkt hat, so dass Gott uns in Christus näher ist als wir uns selbst sind.
Das Logos-Wort spricht dies verheißend zu mir und Dir, darum bin ich, darum bist Du.
Und es nimmt mich und Dich mit den drei Weisen aus der multireligiösen Stadt der Wissenschaften Babylon durch den Chor des von uns so geliebten Bachschen Weihnachtsoratoriums ins Gebet "Nimm hin, es ist mein Geist und Sinn, Herz, Seel' und Mut"
und auch - bei der Morgenröte des noch Neuen Jahres - in sein Gebot mit der Jahreslosung 2011: "Lass dich nicht vom Bösen überwinden, sondern überwinde das Böse mit Gutem" (Röm 1, 21). Sittliche Pflicht und christliche Vermahnung verbinden sich da angesichts der Unwegsamkeiten für "Menschen auf der Flucht" und der finsteren Gewalt- und Terrorakte an den "unschuldigen Kindern", angesichts von Unrecht und Unwahrheit, die Leben verhindern und Zukunft verschließen, verbinden sich zugleich in der Aufforderung, die Friedens-, Freiheits-, und Gerechtigkeitspotentiale der Religionen der Weisen aus den Tiefen zu fördern und sie im Schein des ewigen Lichtes Christi in unseren ebenen Flächen transparent zu machen und zu leben.

3. Liebe Gemeinde, die Transparenz der so bezeugten Wahrheit in Jesus Christus verifiziert sich auch in den Öffentlichkeiten.

Im 625. Jubiläumsjahr der Ruperto Carola sei er-innert ihr bedeutungsvolles Zepter: aufklärend, wie es ist, stellt es dar das Symbol der Ganz-Universität - unterschieden von dissoziierenden Teil- oder Multiversitäten. Es erschließt die perspektiven- und differenzenreiche Fülle der Weisheit der vielen Erkenntnis- sowie Lehr- und Forschungsbereiche durch die Figuren der vier klassischen Fakultäten, die sich der Mittelgestalt Christi zuordnen, die spricht: "Ich bin die Wahrheit und das Leben"; wertorientiert setzt sie das interdisziplinäre Gespräch frei in Verantwortung für die Würde des Menschen und die Menschenrechte, durch den "lebendigen Geist" der Wissenschaften hindurch, Leben fördernd und Zukunft erschließend (vgl. E. Schlink, Das Zepter der Universität Heidelberg, in: ders. Schriften zu Ökumene und Bekenntnis Bd 5, 125ff).
Ein Menschen- und Wirklichkeitsverständnis eröffnet sich vom Zepter unserer Alma Mater, das sich nicht nur als Kultur- und Bildungsprägnanz erweist, sondern auch im Sozial-, Wirtschafts- und Rechtsbereich Relevanz zeigt im Widerschein der Unverborgenheit des nicht-sichtbaren Gottes zum Heil und Wohl der Menschheit.
Übrigens auch die gegenwärtige Reformationsdekade versucht diese Gesellschaftsprägnanz der Epiphanie Gottes in der Menschwerdung Christi öffentlich zu bezeugen (vgl. "Perspektiven für das Reformationsjubiläum 2017" des wissenschaftlichen Beirats für das Reformationsjubiläum 2017).

4. Liebe Gemeinde, die drei Weisen Caspar, Melchior und Balthasar aus dem heute immer noch krisengeschüttelten Zweistromland sind für die Wiederkehr des Glanzes der Epiphanie Gottes Repräsentanten mit dem weltweit-ökumenischen Segen: "Christus mansionem benedicat", Christus segne das beheimatende Zuhause, ein Segen urbi et orbi; er gilt den Orten des Friedens und den Orten, wo noch Unfrieden herrscht.

Anders Johannes der Täufer, der Mann der zweiten Reihe, der - wie wir - vor Ihm, nach Ihm vorausläuft und auf Ihn hinweist und zugleich fragt "Bist Du es?", Johannes der Täufer folgt nach und wendet sich zurück und umblickend sieht er den Sohn bereits am Tisch zur Rechten Gottes, am Tisch, an den auch wir gleichzeitig geladen sind: Schwestern und Brüder, Töchter und Söhne, im Schein der Gnade und Wahrheit; aus ihr leben wir, für sie geben wir Zeugnis polyphon und öffentlich. Kommt, ihr seid geladen.

Und der Friede Gottes, der höher ist als unsere Vernunft, der bewahre eure Herzen, euren Verstand, eure Vernunft und euer Tun im Glauben an Jesus Christus, dem Licht der Welt. Amen.

Liebeserklärung

1. Joh 4, 7 - 12

Predigt am 14. November 2010 in der christlich-chinesischen Gemeinde in Heidelberg

1. "Geliebte", so werden wir heute im Predigttext angeredet, liebe Gemeinde, - nicht gespielt, sondern ehrlich; nicht abgehoben, sondern glaubwürdig und echt. "Geliebte", von Gott Geliebte, immer schon von Gott Geliebte und so mit Würde beschenkt! Die Liebeserklärung des 1. Johannesbriefes - sie gilt uns.

Was kann erregender und beglückender sein als eine Liebeserklärung, die mir zugesagt wird. Nicht "Ich denke, darum bin ich", sondern "Mir ist zugesagt, darum bin ich". Vielen ist das in der persönlichen Lebens- und Liebesgeschichte widerfahren; viele haben das erfahren: in der Jugend - etwa in unserem romantischen Heidelberg - das "Ich liebe Dich. Wunderbar, dass es Dich gibt" mit dem Gefühl der Schmetterlinge im Bauch oder eines ver-rückten Herzflimmerns; als Erwachsene das Ich und Du im Wir verbindende und stärkende "Auch schwere Wochen jetzt werden wir gemeinsam tragen und getragen werden"; im Alter das dankbar bewegte "Ich will bei Dir sein. Ich brauche Dich". Liebe ganz, Eros, Philia und Agape verbindend, nicht splittend; Liebe in Distanz und Nähe; Liebe konträr zu Lieblosigkeit, egoistisch, enttäuschend, verletzend, benutzend, missbrauchend - konträr zum Tod der Liebe.

Nicht allein im personalen, auch im sozialen Zusammenleben macht sich die Liebe wahrnehmbar. Sie wird ersehnt und gewünscht; sie wird bezeugt und proklamiert. Denn Liebe tut Not. Welch große Aufmerksamkeit in den Öffentlichkeiten ernten nicht nur die "Loveparades", sondern auch die erste Enzyklika Papst Benedikt XVI. "Deus caritas est", "Gott ist Liebe", die Liebe Gottes, die Liebe zu Gott und die Nächstenliebe im Blick auf unsere Gesellschaft verknüpfend (25.12.2005). Ähnliches ist von Gerhard Hüthers Buch "Die Evolution der Liebe" (2007 (5)) festzustellen, das programmatisch die Liebe im Evolutionsprozess als notwendigen Faktor erklärt und einzeichnet. Öffentliche Wahrnehmung fand ebenfalls die Einladung zum Dialog der 138

muslimischen Religionsführer und Gelehrten an den Papst und die Weltchristenheit "Ein Wort, das uns und euch gemeinsam angeht" (13. 10. 2007); dieses Wort ist Liebe, die Gottes- und Nächstenliebe. Gemeinsam, doch unterschiedlich, berufen sich diese Erklärungen auf die Liebeserklärung des 1. Johannesbriefes. Nicht "Das Ende der Liebe"; vielmehr erweist sich die Liebe als Tiefendimension und als Grund und Ziel allen Lebens und Zusammenlebens in Freiheit und Gerechtigkeit, wo dem Recht Billigkeit eigen ist.
Der 1. Johannesbrief, liebe Gemeinde, spricht nun aber nicht unterschiedslos und auch widerständisch von Liebe.

2. "Geliebte" - so die Liebeserklärung an uns - , treibt uns nicht bisweilen angesichts eines beklagten "Erfahrungsdefizits" eine Sehnsucht um nach Erfahrbarkeit und Sichtbarwerden dessen, was der Glaube bedeutet an die Wirklichkeit des dreieinen Gottes, der in seinem Wesen Liebe ist und Liebe wirkt? Und eine Sehnsucht nach Gotteserfahrung und Gotteserkenntnis angesichts vermeintlicher Unsichtbarkeit und Verborgenheit, bloßer Innerlichkeit und Subjektivität? Übrigens auch D. Bonhoeffer - für uns ein exemplarischer Christ, der real die Glaubensbewegung von Gewissheit und Anfechtung erlebte - schrieb davon in einem Brief: Gottes "Unsichtbarkeit macht uns kaputt ... dieses wahnwitzige dauernde Zurückgeworfenwerden auf den unsichtbaren Gott selbst ... das kann doch kein Mensch ... aushalten". Gewiss eine Grenzaussage (an H. Rößler am 14. 10. 1931, in: GS I, 61).

Dass Gott unsichtbar, nicht fassbar ist, wird auch in den biblischen Schriften bezeugt: Mose durfte Jahwe nicht direkt schauen; nur Gottes Rückenansicht konnte er aus einer Felskluft erkennen (Ex 33, 21f); als auf dem Wüstenweg das Volk Israel, in Selbstsorge verkrampft, es ablehnte, Gottes tägliche Fürsorge wahr- und anzunehmen, konnte Mose es nur auf die eherne Schlange als Rettungszeichen verweisen (Lev 21, 4ff). Auch Elia durfte Gottes Nähe nicht unvermittelt, nur im linden Wehen erleben (1. Kön 19, 12) und Hiob, von Unglück und Leid heimgesucht, ihn dann staunend preisen als verborgenen Schöpfer und Geist des Lebens in der entgrenzenden Weite des Kosmos und in den Schönheiten der Natur (Hi 38). Erfahrungen mit Gott sind es, die erst die Anrede von Gottes Wort klar und deutlich macht als Gotteserfahrung und zu Gotteserkenntnis werden lässt.
Die Liebeserklärung des 1. Johannesbriefes erzählt uns von Gotteserfahrung und

Gotteserkenntnis als nicht unterschiedslose und als eine auch widerständische Liebesgeschichte Gottes gegen verfinsterte Unsichtbarkeit. "Niemand hat Gott jemals gesehen", heißt es da.
Zugleich haben wir gerade den alten benediktinischen Hymnus gesungen: "Ubi caritas et amor, deus ibi est", "Wo die Liebe wohnt, da ist Gott". Da schwingt auch mit der Weisheitsspruch des früheren Heidelberger Studenten Nikolaus von Kues "Ubi amor ibi oculus" (De visione dei, 4) - weil die Liebe eben nicht immer blind macht - ,"wo die Liebe ist, wird das Auge geöffnet", "wo die Liebe wohnt, da begegnet der Augen-Blick", der Augen-Blick Gottes, erfüllte Zeit: der Liebende sieht und erkennt, weil er schon angeblickt und erkannt ist vom Liebenden, von Gott, der Liebe und Liebender ist: die vorsehende Liebe Gottes, die sichtbar wird als "Liebe des Herzens" (Pascal).

Der dreieine Gott ist in seinem Wesen und Wirken Liebe. Ins Dasein hat er die Welt geliebt zusammen mit seiner großen Liebesgeschichte mit der Menschheit. Das Alte und das Neue Testament erzählen: Mit dem Liebesakt der Schöpfung in die Lebenszeit hat Gott sich die Menschen als sein Volk zur Gemeinschaft mit ihm erwählt und bestimmt. Obwohl diese sich in Selbstbezogenheit und Selbstsorge verschließen gegen die Liebesgebote der Thora, hat Gottes Liebe und Fürsorge ihnen mit ihrer Mitwelt neu Zukunft gegeben. Nicht aus den Augen lässt der Gott Abrahams, Isaaks und Jakobs das Volk Israel; er erfüllt seine Verheißungen trotz ihrer Gemeinschaftslosigkeit mit Gott. "Ich ließ sie ein menschliches Joch ziehen und in Seilen der Liebe gehen und half ihnen das Joch auf ihrem Nacken tragen und gab ihnen Nahrung, dass sie nicht wieder nach Ägypten zurückkehren sollten ... Wie kann ich dich preisgeben ...? Mein Herz ist anderen Sinnes, all mein Erbarmen und Lieben ist entbrannt. Ich will nicht tun nach meinem Zorn" (Hos 11, 4, 8f). Das sagt nicht ein "lieber Gott", der in alloffener Liebe gar nicht anders kann als lieb zu sein. Die heilige Liebe Gottes wird erzählt, der menschlicher Widerwille begegnet und die um den Riss in der Gemeinschaft mit Gott , eben um die Sünde, weiß.

Die Liebesgeschichte unseres Predigttextes erzählt; wir hören: "Darin ist erschienen die Liebe Gottes unter uns, dass Gott seinen eingeborenen Sohn gesandt hat in die Welt, dass wir durch ihn leben sollen. Darin steht die Liebe: nicht, dass wir Gott geliebt haben, sondern, dass er uns geliebt hat und gesandt seinen Sohn zur Versöhnung für unsere Sünden" (1. Joh 4, 9f). Die Geschichte der leidenschaftlichen Liebe Gottes in

Jesus zum Leben der Welt: So hat Gott die Welt geliebt, dass er seinen eingeborenen Sohn, unsern erstgeborenen Bruder gab, so dass alle, die an ihn glauben, nicht in der Gemeinschaftslosigkeit mit Gott die Bestimmung ihres Lebens verwirken, sondern gelingendes Leben im Sog des ewigen Lebens erfahren (Joh 3, 16). Diese Liebesgeschichte erzählt vom menschgewordenen Sohn der Liebe Gottes, der sich gerade auch den Kranken, Trauernden, Marginalisierten, Notleidenden und Verlierern zuwandte, sie heilte und ihnen half; der das Reich Gottes verkündigte, wo die Liebe Gottes als Gotteserfahrung und Gotteserkenntnis schon wirkend und ansichtig ist (Joh 1, 18), indem ein sich von Gott Lossagender wieder angenommen wird zu zukunftsoffenem Leben; indem ein Verirrter nicht sich selbst überlassen, sondern besucht, begleitet und geleitet wird (Lk 15). Diese Liebesgeschichte erzählt von Jesus Christus, der sich stellvertretend zur Sühne und Versöhnung für die Sünde und Schuld anderer hingibt am Kreuz auf Golgatha uns zum Heil, auf dass wir Leben haben: Die am Kreuz geborene, schöpferische Liebe - nicht billig, leidfrei und unterschiedslos, sondern teuer, heilig und widerständisch - dessen, der sagt in der Liebe zu den Menschen und zur Erde: "Ich lebe und ihr sollt auch leben" (Joh 14, 19).
Und Gott, der Vater Jesu Christi, bewahrt nicht vor dem Leid, sondern im Leid.

3. "Geliebte" immer schon von Gott, diese nicht unterschiedslose und auch widerständische Liebe gilt uns, ja, sie gehört uns im Glauben durch den heiligen Geist, dem Feuer der Liebe. Sie ist uns persönlich in Gottes kleiner Liebesgeschichte mit uns seit unserer Taufe näher als wir uns selbst sind; in der je neuen Verkündigung von Gottes Liebeserklärung und in der Feier der Gegenwart von Gottes Liebesgeschichte im Abendmahl wird sie erneuert. Und indem wir diese Liebe leben, die widerfahrene Liebe weitergeben, haben wir die Liebesgeschichte Gottes mit uns im Auge. "Ein Christenmensch lebt nicht in ihm selbst, sondern in Christus und seinem Nächsten. In Christus durch den Glauben, im Nächsten durch die Liebe. ... und bleibt doch immer in Gott und göttlicher Liebe", wie M. Luther in seiner Freiheitsschrift von 1520 sagt (Cl 2, 27), er bleibt im Kraftfeld der Liebe Gottes.

Die Liebe Gottes, die Liebe zu Gott und die Liebe zu den Nächsten gehören zusammen, wenn wir nicht als Schalksknecht - unglaubwürdig, wie er ist, - das Leben verwirken. In der Nächstenliebe blickt uns die Liebe Gottes an. Im "Höre Israel ..." bekennen die Juden und wir diese Einheit von Gottes- und Nächstenliebe. Im Gleichnis vom "barmherzigen Samariter" erzählt Jesus sie als Zeichen des Reiches Gottes. Im "Hohenlied der Liebe" des Apostel Paulus wird sie besungen und im 1. Johannesbrief verkündigt als erfahrene und erkannte Liebe Gottes, die in der Nächstenliebe gelebt und sichtbar da ist. Wider verfinsterte Unsichtbarkeit geschieht Gotteserfahrung und Gotteserkenntnis in der erfahrenen und gelebten Liebe. Aus Gott geboren, ist Gott da in Liebe bei uns und wird als Liebe erkannt, wie die Liebeserklärung des 1. Johannesbriefes bezeugt. (1. Joh 4, 7, 12).

4. "Geliebte, hat uns Gott so geliebt, so sollen wir uns auch untereinander lieben. ... Lasst uns Liebe leben" (1. Joh 4, 11 7)". Ein Optativ, ein Wunsch, eine Option. Widerfahrene und erfahrene Liebe befreit davon, "verzweifelt man selbst sein zu wollen oder nicht man selbst sein zu wollen" (S. Kierkegaard); sie befreit zur Liebe, die dann einfach christliche "Pflicht" wird, wie S. Kierkegaard einmal sagt (S. Kierkegaard, Der Liebe Tun).

Und Liebe wird gelebt konkret. Liebe erhält dann ein Gesicht: Wem bin ich Nächster, der durch mich die Liebe Gottes erkennt, weil er durch mich Nächstenliebe erfährt?

Ein Theologe heutiger Zeit beschreibt die konkrete Liebe als bei noch so großer Selbstbezogenheit eine immer noch größere Selbstlosigkeit (E. Jüngel). Von Gottes Liebe berührt, wird Liebe weitergeschenkt in mutiger Demut, glaubwürdig, ehrlich, echt. Ja, nach Glaubwürdigkeit, Ehrlichkeit, Echtheit sehnen wir uns, auf dass Erkennen und Erfahren, Reden und Leben sich nicht widersprechen. Das geschieht und wird sichtbar, wo Liebe erlebt wird, wo Glaube in der Liebe gelebt wird, ungerecht Leidenden geholfen wird.

Der 1. Johannesbrief spricht zunächst das Miteinander und Füreinander der Gemeindeglieder an: das achtsame Fürsein für den andern, das stärkende Trostwort und die eintretende Bitte füreinander, die gegenseitige Vergebung zu einem neuen Miteinander. Es geht nicht um äußerliche Harmonie. Gerade in Konflikten und im berechtigten Streit erweist sich erfahrene und gelebte Liebe nicht unterschiedslos und auch widerständisch im persönlichen Gespräch zunächst unter vier Augen, dann im Beisein von zwei Partnern, schließlich in der Gemeindeversammlung als Zurechtweisen und Ermahnen, als Vergeben und Trösten, als Danken und Segnen: Da wird sich nicht nur indirekt über die Medien auseinandergesetzt (Mt 18). Liebe tut Not.

Liebe tut Not in unserer Gesellschaft als Wärmestrom und als Orientierung sozialen Verhaltens, wenn das unumkehrbare Bekenntnis "Gott ist Liebe", dessen vorausgehende Liebe in der Liebe zum Nächsten sichtbar wird in Strukturen von Friede und Gerechtigkeit, Leid mindert, Leben fördert und Zukunft eröffnet. Dazu ruft der 1. Johannesbrief am heutigen Sonntag.
So erhielt - um aus meinem Kontext zu sprechen - die aus Glauben gelebte Liebe ein Profil beim ersten Besuch der Russischen Orthodoxen Kirche in Behinderteneinrichtungen in Bethel 1957. So gab mir bei einer Studienreise mit ausländischen Studierenden 1976 nach Neuendettelsau eine Diakonissin der Liebe ein Gesicht bei unserm Besuch im Diakoniewerk mit schwerstbehinderten Kindern. So erhält die Nächstenliebe Gesichter bei uns Gebern für die Flutopfer in Pakistan und für die Zuunterstützenden im Heimatland und hier in Deutschland, die uns als Nächste mit ihren Augen anschauen.
In den zivilgesellschaftlichen Öffentlichkeiten findet die Energie der Liebe aus dem Lebenselixier "Wort und Glaube" Gestalt, wenn wir - und die anderen - erfahren, gebraucht zu werden, Achtsamkeit und Anerkennung zu finden. Und wenn gegen Indifferenz Zivilcourage geübt wird, zeigt sich widerständische Liebe.
So kann glaubwürdig, ehrlich und echt Gotteserfahrung und Gotteserkenntnis sichtbar werden.

5. "Geliebte", lasst uns Liebe leben; denn die Liebe ist von Gott, und wer die Liebe lebt, der ist von Gott geboren". Christus spricht: "Was ihr getan habt einem unter diesen meinen geringsten Geschwistern, das habt ihr mir getan" (Mt 25, 40). Und, "es gibt keine bessere Einladung zur Liebe als die, in der Liebe den ersten Schritt zu machen" (Augustin, De catechizandis rudibus).
Ja, was letztlich bleibt, ist die Liebe; sie ist stärker als Leben zerstörende und Zukunft verschließende Kräfte, als Ungeist und Kleingeist, als der nichtende Tod. Die Liebe ist stärker als der Tod.
Angesichts drängender Herausforderungen in der Nähe und in der Ferne beten wir hoffnungsvoll: "Lass die Wurzel unsers Handelns Liebe sein, senke sie in unser Wesen tief hinein. Herr, lass alles, alles hier auf Erden Liebe Liebe werden." (EG 417).

Und die Liebe des dreieinen Gottes, die höher ist als unsere Vernunft, bewahre eure Herzen, eure Vernunft und euer Tun im Glauben an Jesus Christus. Geht nun hin und tut, was die Liebe euch heißt. Amen.

Trost und Trösten

2. Kor 1, 1 3

Predigt im Mitwochfrühgottesdienst in der Peterskirche

in Heidelberg am 20. 5. 09

Liebe Gemeinde des Mittwochfrühgottesdienstes,
ein Trostbrief ist unser heutiger Predigttext.

1. Wer einem Menschen auf dem Krankenlager, vor einer Operation, von Misslingen und Misserfolg Begleiteten, seelisch und gesellschaftlich Vereinsamten, in Trübsal in und um sich Kreisenden, gegen jede Zuversicht und Geborgenheit Geängsteten das Trostwort zu schreiben versuchte oder die Stimme des Trostes geben wollte, der weiß, wie schwer das ist. Ich meine das Trostwort, das greift, das Kraft gibt, das eine andere Sicht eröffnet, das neue Leben mit Gott erschließt. Ich meine nicht das Wort der leidigen Tröster des Hiob.

Aber auch wir selbst sehnten uns vielleicht schon nach jemanden, der dich "in Trübsal trösten soll" (EG 341, 9), nach einem wirklichen und wirkenden Trostwort, als unsere innere Stimme seufzte. "Siehe, um Trost war mir sehr bange" (Jes 38, 17) und fragte: "Wo bleibst du Trost der ganzen Welt?" (EG 7, 4)

Martin Luther, dem es gegeben war, vollmächtig Trostbriefe an schwerkranke, angefochtene, betrübte und enttäuschte Menschen zu schreiben, sagte einmal: "Die ganze Schrift ist voll Trost." Er meinte damit, dass der, um den es in der heiligen Schrift geht, der die Mitte ist, Jesus Christus, Tröster sein und wahren Trost geben will dem, der "nicht bei Trost ist".

Wirklicher und wirkender Trost, nicht schwacher, nicht billiger, nicht Vertröstung, nicht "Seelentröster", Trostpflaster oder Trostpreis, ist schwer. Viel Erfahren und viel Widerfahren von Trost gehört dazu. Ich kenne solche Menschen, nicht unbedingt Professionelle. Jeder kann Tröstender werden und sein. Ja, wirkenden Trost zu geben, ist schwer. Vor längerer Zeit sagte mir jemand über einen anderen: "Der kann bloß trösten"; damit sollte gesagt sein, dass da keine wirkliche Hilfe zu erwarten sei.

In unserer lächelnden Werbe- und Happynesswelt, in der kalt kalkulierenden Umsatz-Profit- und Rankinggesellschaft - in der zugleich viel Jammern ist -, droht Trost als folgenlose Gefühligkeit, als verkleisternder Seelenservice zu verkommen, weil sowohl die harte Realität als auch die konkrete Hilfe vernebelt. Und verallgemeinernde Floskeln wie "Nur Mut!", "Kopf hoch!", "Es wird schon wieder. Das Leben geht weiter!", "Es könnte schlimmer sein!, "Es geht anderen auch so!" haben Trost billig, das Trostwort leer werden lassen.

Oder zeigt sich hier vielleicht auch nur die Schwierigkeit, Leid und Leiderfahrung mitzuteilen und zur Sprach kommen zu lassen?

Trost geben meint, jemanden zuversichtlich machen, sei es durch ein Wort, eine Tat, eine Geste oder das Da-sein und so für jemanden sein. Da erfährt jemand Zuspruch und Ermutigung, da wird jemandem neue Hoffnung gegeben und konkrete Hilfe. Dieser kommt zur Ruhe und wir selbst erfahren Nähe, die Wärme ausstrahlt, nicht-selbstverständlich eine neue Sicht eröffnend, in ein anderes Licht rückend, neu aufbrechend wie eine Knospe, schenkend, was wir uns nicht selbst zu geben vermögen, eine Kraft der Hoffnung, die von außen kommt und Leid, Trauer und Trübsal verändert. Das Trostwort können wir uns eben nicht selbst sagen, nur von außen, von einem anderen, wird es uns zugesprochen.

2. Liebe Gemeinde, der Apostel Paulus beginnt seinen Trostbrief, indem er den Blick weg von sich, seinem Leid und dem Leid der anderen, zunächst auf Gott richtet; er tut es gleich zu Anfang; er spricht das Gotteslob: "Gelobt sei Gott, der Vater unseres Herrn Jesus Christus, der Vater der Barmherzigkeit und Gott alles Trostes, der uns tröstet in aller unserer Trübsal, damit wir trösten können, die da sind in allerlei Trübsal, mit dem Trost, mit dem wir selbst getröstet werden von Gott."

Paulus weiß auch jetzt in schwerer Zeit vor Gott um den Dank, um das verdankte Leben. Das Gotteslob des "Vaters der Barmherzigkeit und Gott alles Trostes" öffnet ihm den Blick für das verdankte Leben. Der Trost ist - wie das Leben - Geschenk, Gabe; Trost widerfährt einem von außen, von einem anderen, von Gott. Und dieser Trost wird gegeben, damit er an andere weitergegeben wird. Gabe wird Aufgabe: getröstet werden, damit wir trösten können.

So geschieht es in der Gemeinde Jesu Christi. Der Gott alles Trostes verheißt: "Ich will euch trösten, wie einen seine Mutter tröstet". Mütter sind bekanntlich die Künstlerinnen des Tröstens; das erfahren wir bei dem kleinen Mädchen, dessen Spielzeug zerbrochen ist und weinend zur Mutter läuft. Das erfahren wir bei dem Mann, der angesichts einer schweren Operation von der Ehefrau erklärenden und empathischen Zuspruch erfährt.

Aber auch Väter geben hilfreichen Trost, indem sie das Spielzeug reparieren, indem sie die kranke Ehefrau pflegen, bei ihr sind, die Hand halten und sagen: "Ich hab dich lieb; ich brauche dich."

Diese Erfahrungen bezieht der Apostel Paulus auf "Gott allen Trostes".

Ja, er hat es erfahren: " ... bedrängt, aber nicht in die Enge getrieben, zweifelnd, aber nicht verzweifelt, verfolgt, aber nicht verlassen, zu Boden geworfen, aber nicht vernichtet." (2. Kor 4, 8f) " ... als Unbekannte und doch erkannt, als Betrübte, aber immer fröhlich, als solche, die nichts haben und doch alles besitzen" (1. Kor 6, 9f) Diese alles verändernde Perspektive, ja, dieses neue Wirklichkeitsverständnis widerfährt Paulus vom "Vater der Barmherzigkeit und Gott allen Trostes" durch die Gemeinschaft mit Jesus Christus, d. h. durch den Glauben, dieses grundlegende Leben bestimmende Vertrauen, den Glauben an den leidenden, gekreuzigten und auferstandenen Herrn. Paulus erfährt Leid und Trübsal im Spiegel des leidenden und gekreuzigten Christus als Schmerz des Glaubens und es widerfährt ihm Trost als Stärkung durch die barmherzige Liebe Gottes des Vaters. "Denn gleichwie wir des Leidens Christi viel haben, werden wir auch reichlich getröstet durch Christus." Trübnisse, Kümmernisse und Düsternisse erhalten einen neuen Schein; die Mitte der Nacht wird der Anfang des Tages; wir sind bei Trost im neuen Leben mit Gott.

Das Kreuz erweist sich für uns Christen nicht als das Symbol allgemeinen Leidens. Gewiss weist es auch darauf hin: es gibt keine Liebe ohne Leid, und es gibt keine Welt ohne Tod. Nur mit Narben kommen wir ins gelobte Land. Unsere Verwundungen und Schmerzen aber dürfen wir vor Gott bringen, klagen und einklagen. Sie werden nicht schmerzlos dadurch; aber wir werden so - wie der Apostel Paulus - verbunden mit Jesus, Gottes eingeborenem Sohn unserm erstgeborenen Bruder, durch Glauben im Gebet getröstet im Leid: ein trotziger Trost, der trägt und hindurchträgt und zuversichtlich macht.

Der Blick auf das Kreuz schließt den Blick auf den Lebensbaum ein; der Leidende und Gekreuzigte ist der auferstandene Christus, der wirkenden Trost und wirkliche Hoffnung schenkt. "Was ist dein einziger Trost im Leben und im Sterben?", fragt unser Heidelberger Katechismus direkt am Anfang. Und er lässt antworten: "Dass ich meines getreuen Heilands Jesu Christi eigen bin." Jesus Christus ist der Trost, so dass unsere Hoffnung begründet und gewiss machend ist und wir Boten seines Trostes und der Hoffnung Gottes seien. Jesus Christus - Brot des Lebens und Brot zum Leben, zur Lebens- und Heilsgewissheit. Werden auch wir Brot für andere, nicht Steine, in der

Nachfolge unseres Herrn. Sagen wir das "Trostwort der Schwestern und Brüder" (SM III 4) in der Gemeinde.
Von Martin Niemöller, den wir in diesen Tagen besonders erinnern, wird berichtet, das er am Tage vor seiner Vernehmung im KZ Sachsenhausen von Angst und Trübsal umgetrieben wurde. Ein Mitgefangener, der täglich die Kieswege zu harken hatte, bemerkte es. Als Niemöller am nächsten Tag den Weg zur Vernehmungsbaracke ging, las er mit der Harke eingeritzt auf seinem Weg das Wort "Vicit", "er hat gesiegt". Niemöller erkannte die Botschaft: Jesus Christus, er ist Sieger, Es wird berichtet, dass Martin Niemöller zuversichtlich und mit neuer Hoffnung seinen Weg weiter ging.
Ohne Hoffnung kann keiner leben und die Hoffnung stirbt zuletzt; über diese menschliche Erfahrung hinaus sagt der Trostbrief des Paulus: Trost, nicht Vertröstung, ist von Hoffnung getragen: von der Hoffnung auf das angebrochene und sich einst vollendende Reich Gottes, Hoffnung aufgrund des Glaubens an den Sieg Christi über die Mächte der Sünde, des Leides und des Todes jetzt im "Vorletzten" , wo wir zum Trostwort und zur Verantwortung gegen veränderbares Leid gerufen sind, und im "Letzten" bei Gott, wo weder Leid noch Trübsal, noch Schmerz mehr sein wird. (Offb 21, 4)

3. Liebe Gemeinde, der Trostbrief des Apostel Paulus will zwei Fragen miteinander verbinden: Woher kommt mir Trost? Und: "Wem bin ich Tröster? Auf beide Fragen gibt er Antwort: "Gott allen Trostes" tröstet uns in Jesus Christus, damit wir trösten die, die in ihrer Trübsal uns brauchen. Jeder von uns kann Tröster sein in der Nachfolge Jesu - d. h. nicht des billigen Trostes. Dabei darf er und sie sich auf die Verheißung verlassen: der heilige Geist, der Tröster, will und wird uns beistehen.
So wird unser Blick mit all den Erfahrungen von Enttäuschung, Leid, Schuld wieder auf Gott gerichtet: auf den Dank des Sich-verdankenden und auf den Lobpreis des Gottes der Barmherzigkeit und alles Trostes. Paulus beginnt seinen Trostbrief: "Gelobt sei Gott, der Vater der Barmherzigkeit und Gott allen Trostes, der uns tröstet in aller unserer Trübsal, damit wir trösten können." Amen.

Der Schatz in zerbrechlichen Gefäßen

2. Kor 4, 6 - 10

Predigt am 24. 1. 2010 in der Heidelberger Universitätskirche

Liebe Gemeinde grenzzeitlich zwischen dem kirchenjahreszeitlichen Weihnachts- und Passions- und Osterkreises,
von einem Geheimnis möchte ich Ihnen Nachricht geben. Sie kennen es schon; Sie haben es erfahren, und doch ist es ein Geheimnis: Ein Geheimnis, das uns wert ist und wertvoll macht. Doch bleiben Sie noch neugierig und bewahren Sie sich die Kunst des Staunens.

"Geheimnis" - an einem Ort der Rationalität wie der Universität - verbleibt zunächst fremd und befremdlich. Zugleich kennt die forschende, denkende und erklärende Vernunft auch hier unter den Negativ - Chiffren für das, was sich als unerforschlich, unerklärlich, unvordenklich, transzendent erweist, das begrenzende Geheimnis. Für den Heidelberger Philosophen Karl Jaspers weisen existentielle "Grenzerfahrungen" im Scheitern den "Weg zur Transzendenz" und lassen den Staunenden das eigene "Geschenktsein" aus der Tiefe eines "unauslotbaren Geheimnisses" erfahren (Der philosophische Glaube, 81; Was ist der Mensch?, 123).
Das Geheimnis, an dem der Apostel Paulus, der Botschafter des Geheimnisses Gottes (1. Kor 4, 1), uns in der Grenzsituation der verglimmenden Kerzen von Weihnachten und des noch fernen Lichtes des Ostermorgen teilhaben lässt, ist anders anders: es ist die Verheißung des sich als Geheimnis offenbarenden Gottes Abrahams, Isaaks und Jakobs im Angesicht Jesu Christi, dem der Glaubende - eben wenn wir uns darauf einlassen - antwortet mit seinem Leben, in seinem Denken und Tun - heute übrigens auch auf die polemische Frage einiger auf geschlossene naturalistische Systeme beharrender sog. "Brights": "Glaubst du noch oder denkst du schon?"

Wir hören die Botschaft vom 'Geheimnis des Glaubens' aus Paulus 2. Korintherbrief Kap. 4, 6 - 10. Es handelt sich um einen Brief, in dem Paulus seinen apostolischen Auftrag schweren Herzens verteidigt. Hatte er sich nicht - wie einst am brennenden

Busch Mose, der dann aber nur die Rückenansicht Gottes im linden Hauch erahnen durfte (Ex 33, 21ff), - hatte er sich nicht durch das blendende Licht Gottes im Sturz von Damaskus mit Zaudern und Zittern in diesen Auftrag - und zwar mit allen Konsequenzen - gestellt?

Man nennt diesen Brief des Apostels auch 'Tränenbrief'. Doch Paulus sieht seine arbeits- und leidvolle Lebensgeschichte in dem Licht, das "der Welt ein' neuen Schein gibt"; er schreibt:

"Denn Gott, der gesagt hat: Aus Finsternis wird Licht erstrahlen, der hat Licht in unsere Herzen hineinstrahlen lassen, um die Erkenntnis der Herrlichkeit Gottes im Angesicht Jesu Christi aufleuchten zu lassen. Wir besitzen aber diesen Schatz in zerbrechlichen Tongefäßen, denn unsere übergroße Kraft kommt von Gott und nicht aus uns selbst: In allem bedrängt, aber nicht erdrückt; in Zweifeln, aber nicht verzweifelt; verfolgt, aber nicht in Stich gelassen; niedergeworfen, aber nicht vernichtet. Immer tragen wir das Sterben Jesu am Leib mit uns, damit auch das Leben Jesu an unserm Leib sichtbar werde." (Bibliothek des Neuen Testaments, Bd. 5, übers. und hrsg. Jörg Scholz)

Ein Brief, den der gelebte Glaube geschrieben hat, die lebensgeschichtliche Erzählung mit einem geheimnisvollen Schatz. In diese Geschichte gelebten Glaubens werden wir einbezogen, ja, irgendwie hineingenommen.

1. Liebe Gemeinde, Enttäuschungen, Ungerechtigkeit, Krankheit, Einsamkeit, Glaubensanfechtungen erlitt Paulus. Der physische, psychische, soziale und geistliche Aspekt von Leiderfahrung wirkte metastatisch auf einander. Die fragile Existenz, die uns sterblichen und gebrechlichen Menschen eigen ist: ein zerbrechliches Tongefäß, ein zerbrochener Krug, ein gesprungenes Glas - Leben als Fragment.

Ähnliche Erfahrungen machen auch wir: Enttäuschungen im Beruf, Misserfolge trotz eifrigen Bemühens, Verlust eines geliebten Menschen, das Gefühl von Übergangenwerden und Nicht-Anerkennung im Seminarbetrieb, Rückschläge durch Krankheit, Frustrationen über ökumenischen Stillstand oder ökologische Gleichgültigkeit trotz eigenem Engagements, Ohnmachts- und Vergeblichkeitserfahrungen und auch eigenes Versagen angesichts der Zukunftsverantwortung für Enkel und Urenkel, schließlich die neuen Probleme, die sich aus Problemlösungen ergeben, die negativen Nebenwirkungen, die sich mit einem neuen Medikament oder einer neuen Hilfsaktion einstellen. Und hinter diesen großen und kleinen Brüder des Todes steht das Wissen um die eigene Begrenztheit, Endlichkeit

und Schuld.
Und Paulus in der Sicht der Korinther, dieser Gemeinde im Getriebe einer multikulturellen und multireligiösen Hafen- und Geschäftsstadt?- Keine vor den Menschen strahlende Persönlichkeit ist da Paulus, nicht glänzend in der Rede, nicht brillant in der Selbstdarstellung, kein erfolgreicher Star. Sogar nicht entsprach er den Sehnsüchten, Wünschen und Träumen der enthusiastischen Korinther: menschliche Vollkommenheit und geistlicher Krafterweis hätten doch erfahrbar und sichtbar zu sein. So die eigene geistliche Kräfte glorifizierende Theologie. Fern war diesem Geistfundamentalismus die Wortbezogenheit des Geisteswirkens. Über Kreuz waren diese Gnostiker mit dem "Wort vom Kreuz", der "Dynamis Gottes", wie es der Apostel Paulus verkündigte.

Anders als das humorige Bonmot vom 'falschen Christentum': "Christsein heißt in uns'rer Zeit: Jeder tut sich selber leid" (Kurt Rommel) bindet Paulus ohne Selbstmitleid seine Lebensgeschichte nach der sprachlichen Gattung eines Peristasenkatalogs, einer Auflistung widriger Umstände, mit einem "Aber" in die Gewissheits- und Vertrauensäußerung zurück. Es ist nicht das "Aber" des Mutes der Verzweiflung, nicht das "Aber" der Anstrengung des Strehaufmännchens, das sich nicht unterkriegen lässt, nicht das "Aber" der Durchhalteparole "Positiv denken!, Packen wir es an!" oder mit 'Bob dem Baumeister': "Yes, we can!"

Paulus stellt seine Lebensgeschichte, seine Person und sein Tun, seine Kraft und Schwachheit in das Licht des Geheimnisses Gottes, um zu erkennen, wie er von Gott erkannt ist. Das "Aber" des Apostels nimmt hinein in die Verheißung der Kraft Gottes, die in der Schwachheit mächtig ist, "damit das Übermaß der Kraft von Gott ist und nicht von uns". Es ist das "Aber" der Bitte: "Meine Kräfte sind vertrocknet ... Aber der Herr sei nicht ferne; meine Stärke, eile mir zu helfen" (Ps 22, 16 - 20); es ist das "Aber" der Gewissheitsbezeugung in der Klage: "Ich aber vertraue darauf, dass du so gnädig bist" (Ps 13, 6), die Vergewisserung des von Gott Vorgesehenen. Gott bewahrt nicht vor dem Leid, sondern im Leid.
Die Dichterin Annette von Droste-Hülshoff gibt dem Ausdruck im Gedicht:
"Verlassen, aber nicht einsam,
erschüttert, aber nicht zerdrückt,
solange noch das heilige Licht

auf mich mit Liebesaugen blickt."
Oder der Kabarettist Hanns Dieter Hüsch:
"Was macht, dass ich so furchtlos bin
an vielen dunklen Tagen?
Es kommt ein Geist in meinen Sinn
will mich durchs Leben tragen.
Ich bin vergnügt, erlöst, befreit,
Gott nahm in seine Hände meine Zeit,
mein Fühlen, Denken, Hören, Sagen,
mein Triumphieren und Versagen."
In der Sprache der Denke: eine kontrafaktische Vergewisserung der wirksamen Gottesgegenwart in gottwidrigen Verhältnissen.

2. Liebe Gemeinde, Paulus erkennt sich als zerbrechliches Gefäß - nicht als entsorgte oder verworfene Flasche - als zerbrechliches Gefäß eines lichtvollen Schatzes; denn Gott hat ihn so erkannt und anerkannt. Schatzträger ist er, nicht der Schatz selbst, Licht t r ä g e r. Gott hat ihn bejaht, geschätzt als Träger des Glanzes, der wiederkehren will in diese Welt. Nicht er hat den Schatz gesucht, der Schatz hat ihn gefunden, der nun aber gar nicht wie ein geschliffenes Kristall glänzt.
Ein Schatz hat für jemanden einzigartigen Wert; gesucht und gefunden, ist er das Wichtigste für denjenigen. Man verliert sein Herz, seine ganze Person, an den Schatz, weil man sein Herz an ihn hängt. Denn "wo dein Schatz ist, da ist auch dein Herz".
Da gibt es die Schätze - wie ein Stück von 'Cahier' oder wie beim König Midas - "auf Erden, wo sie die Motten und der Rost fressen" oder auch die Finanzkrise; da gib es die "Schätze im Himmel", wie Jesus in der Bergpredigt prophezeit.
Paulus ist gewiss, Gefäß der epiphanen Keimzelle des Reiches Gottes, der Dynamis seiner Verheißung zu sein, der Strahlkraft dessen, der das vollmächtige "Ich bin das Licht der Welt "spricht.
Kein flimmernder Glitzertand, kein lichtästhetischer Schein, keine brillante Lichtperformance.

Dieser Schatz ist anders anders; er bleibt fremd und befremdlich, im Grunde ein Ärgernis: das alle Welt erleuchtende Hintergrundslicht, verborgen und offenbar, das die Herrlichkeit, den Kabot, die Doxa Gottes aufklärt "in dem Angesicht Jesu Christi". Und angesichtig und ansichtig wird er im Kind in der Krippe und im Mann am Kreuz, in den vor Lebenslust strampelnden Ärmchen des Krippenkindes und in den durchbohrten Händen Gottes am Kreuz. Krippe und Kreuz, wie auch mittelalterliche und moderne Künstler zum Ausdruck bringen, gehören zusammen. Denn "über deiner Krippe schon zeig uns dein Kreuz, du Menschensohn": Das Geheimnis der Offenbarung Gottes als Geheimnis, das Mysterium der Selbsterschließung der Herrlichkeit Gottes verborgen unter dem Gegenteil gebrechlicher Leidexistenz Jesu. Der Schatz - in irdenem Gefäß! Das schaffende und neuschaffende Evangelium in menschlichen Wörtern. Denn der die Welt ins Dasein liebt, bewahrheitet seine leidenschaftliche Liebe in diesem Geheimnis, das sein "väterliches Herz" als das des Liebenden kundtut. Paulus erweist sich so mit M. Luthers 'Heidelberger Disputation' (1518) als Theologe des Kreuzes.

3. Liebe Gemeinde, wie das schöpferische Wort Gottes am Anfang das Licht von der kimmerischen Chaosfinsternis schied, so wird das Licht der neuen Schöpfung im Licht von Ostern gepriesen: "Das ewig Licht geht da herein, gibt der Welt ein neuen Schein": ein von den Leben zerstörenden und Zukunft verschießenden Gemächten erlösende Leuchte; eine das "werte Licht des Glaubens" entzündende Flamme. Denn "bei dir ist die Quelle des Lebens und in deinem Licht sehen wir das Licht" zur "Erkenntnis der Herrlichkeit" als des "eingeborenen Sohnes vom Vater voller Gnade und Wahrheit, und von seiner Fülle haben wir alle genommen Gnade um Gnade". Wende der Welt. Das Licht leuchtet hervor, der Schatz lässt sich finden und teilt sich aus, das Geheimnis macht sich vertraut dem, der sich auf es einlässt, ihm vertraut und glaubt und es widerspiegelnd weiter leuchten lässt, aufgeklärt durch den, der verkündigt: "Ihr seid das Licht der Welt" (Mt 5, 14)); Lebt als Kinder des Lichts" (Eph 5, 8f)" und der mit dem heutigen Losungswort unsere "Füße auf weiten Raum stellt" (Ps 31, 9): wahrnehmbar nicht nur als Widerschein in leuchtenden Kinderaugen vor der Krippe am Heiligen Abend, sondern im Alltag als brennende Kerze auf dem Leuchter, nicht unter dem Scheffel, oder auch als widerspiegelnder Abglanz auf einer zerbrochenen Glasscherbe ohne jeden Heiligenschein. "Meine Kraft -meine Energie - im Schwachen mächtig".

Ich erinnere mich an einen mich erhellenden Besuch als junger Gemeindepfarrer im Pflegeheim: die ältere Frau war schon seit langem halbseitig gelähmt nach dem Schlaganfall, andere Krankheiten z. T. mit Schmerzen waren hinzugekommen. Der auffallend freundliche Blick fiel auf mich, als ich eintrat; sie ergriff mit leiser Stimme das Wort: "Herr Pfarrer, Sie können nicht wissen, wie es um mich steht. Ich will es Ihnen sagen." Und sie erzählte ihre Lebens- und Glaubensgeschichte mit der Bibel und dem Gesangbuch. Der Glaube im Licht des Herrn Jesus Christus trug sie und trägt sie auch jetzt. Auf den Heimgang zum Herrn bereite sie sich vor; darauf freue sie sich. - Ich hörte nur zu. Zum Schluss beteten wir und ich segnete sie. Ein Glaubens- und Lebenszeugnis. Kurze Zeit danach starb die Frau, von Gott gerufen.

Ja, die Welt steht im Licht der zukommenden Gnade Gottes. Und "über dir geht auf der Herr, und seine Herrlichkeit erscheint über dir" (Jes 60, 2), wie uns der Wochenspruch dieser Woche am Schnittpunkt des Weihnachts- und Osterfestkreises zuruft.

Oft zeigt sich der Glaube wie ein Vogel, der schon singt, wenn es noch dunkel ist. Das Licht durchsetzt die Finsternis. Und durch den heiligen Geist spiegeln wir auf unserem Angesicht - eben in und mit unserem Leben - etwas von der Herrlichkeit des Schatzes in irdenem Gefäß durch die Glaubens- und Geistgemeinschaft mit dem gekreuzigten und auferstandenen Jesus Christus wider - meist bruchstückhaft, mehr anzeigend, oft Spurenelemente.

Die Jünger Petrus, Jakobus und Johannes gingen von der Aureole auf dem Berg der Verklärung hinab in die Niederungen des Alltags, um wie Paulus als zerbrechliche Gefäße des Schatzes der Offenbarung Gottes im menschgewordenen und gekreuzigten Christus zum Heil der Welt und als Boten dieses Geheimnisses Lichtträger zu sein in ihrer Mitwelt. Zweifel, Enttäuschungen, Anfechtungen begleiten sie, auch das Burnout angesichts eigener Schwächen, der Diskrepanz von Wollen und Vollbringen, scheinbar geringer Resonanz der Botschaft und Attraktivität der Gemeinde, auch mancher Widersprüche, Anfeindungen, auch Verfolgungen ausgesetzt - nicht bei uns im Staat des Grundgesetzes, aber in anderen Gebieten der Welt, wie wir wissen.

Aber da ist Glut unter der Asche. Der lichtvolle Schatz ist da. Jedes Mal, wenn wir Gott durch uns hindurch andere Menschen lieben lassen, erschließt sich Weihnachten und Ostern in eins. Jedes Mal, wenn wir denkend Rechenschaft geben von Licht des Lebens im Angesicht des gekreuzigten und auferstandenen Christus, verkündigen wir, aus dämmrigem Zwielicht heraustretend, das Geheimnis Gottes, das sich als Geheimnis offenbart zum Leben der Welt. Gottes "Weisheit im Geheimnis" für die Welt (1. Kor 2, 6f).

Wie um die Sonne die Planeten kreisen, empfangen die verschiedenen christlichen Kirchen liebende Wärme und leuchtendes Licht von diesem aufklärenden Geheimnis, um beides weiterzugeben lokal und global.

Der apostolische Auftrag, die Missio dei, an die wir anlässlich des 100. Jubiläums der 1. Missionskonferenz in Edinburg 1910 in diesem Jahr des II. Ökumenischen Kirchentages in München erinnern, gilt uns.
In die Gemeinschaft mit dem Schatz im irdenen Gefäß sind wir durch unsere Taufe hineingenommen; so ist der Schatz uns näher als wir uns selbst.

4. Liebe Gemeinde, Was macht mich bleibend wertvoll, wenn mich die ärztlich Diagnose erreicht, dass die Metastasierung nur noch kurze Lebenszeit lässt?
Ich denke nicht an den Marktwert aufgrund eigener Kompetenzen und Qualifikationen oder, liebe Kommilitoninnen und Kommilitonen, als zukünftige Leistungsträger in Beruf und Gesellschaft. Ich denke an Sie als Person.
Sie, jede und jeder von uns, wie Sie sich auch selbst sehen und verstehen, sind unendlich wertvoll, über unser Tun und Wissen hinaus sind wir immer schon einzig geschätzt. Durch das Geheimnis dieses lichtvollen Schatzes, das Geheimnis bleibt.
Das Einzigartige dieses Geheimnisses? - Nicht wir entdecken und finden das Geheimnis dieses Schatzes; anders anders, aus der Perspektive der Liebe des dreieinen Gottes, findet dieses Geheimnis uns, jeder und jede ein Unikat, geschätzt und werterachtet mit und durch die Liebeserklärung Gottes in Jesu Krippe und Kreuz: “Du bist mein Schatz. Ich brauche dich, als irdenes, zerbrechliches Gefäß”. Es spiegelt, was am Glauben an Jesus Christus freut, und lässt hervortreten, was das Evangelium zum Geschenk macht. Wichtig sind wir vor Gott und darum vor der Welt.
Darum, liebe Gemeinde, wir, ja, wir können darauf antworten mit dem Rezitativ des sechsten Teils des von uns so geschätzten und immer wieder bestaunten Bachschen ‘Weihnachtsoratoriums’: “Mein Schatz geht nicht von hier, Er bleibet da bei mir, Ich will ihn auch nicht von mir lassen”. Und wir stimmen ein in die Arie: “Mein Schatz, mein Hort, ist hier bei mir!”
Der bewahre eure Herzen und Sinne und euer Tun. Amen.

Heiliger Geist und lebendiger Geist

Joh 16, 5 - 15

am Pfingstsonntag (12. 6. 2011) in der Heidelberger Universiätskirche, Peterskirche

Liebe Gemeinde des Pfingstfestes,
die Gegenwart Christi im heiligen Geist wird uns verheißen im eben gehörten Predigttext: die Verbundenheit des dreieinen Gottes mit der Gemeinde durch den heiligen Geist und so die "Kirche in der Kraft des heiligen Geistes", der "durch das Evangelium beruft, sammelt erleuchtet, heiligt und bei Jesus Christus erhält im rechten einigen Glauben" und zusammen mit der ganzen Christenheit und der ganzen Welt erneuert gegen Ungeist und Kleingeist. Der heilige Geist: Feuer der Liebe, beistehender Paraklet, helfender Tröster, kritischer Richter, Band des Friedens und Lehrer der Wahrheit - durch ihn will Christus Wohngemeinschaft bei und mit uns haben, indem der heilige Geist in die Herzen von uns Menschen dringt, so dass wir als vom Geist Gezeichnete leben.

Weniger ein Abschied, vielmehr Zukunft wird angesagt; denn der heilige Geist der Paraklet erweist sich als vorgängiges Geschenk, soz. als Vorschuss der Zukunft. Traurigkeit wird in Freude verwandelt.

1. Liebe Gemeinde, in vielen Stimmen und Bildern verkündigen die biblischen Zeugnisse den heiligen Geist hoffnungsfroh als unverfügbaren schöpferischen "Atem des Lebens", ohne dessen schöpferische Kraft und wundervolle Schönheit und Pracht nichts lebt was ist. Zugleich wird er als verheißener Neuschöpfer bezeugt, der den Glauben an Christus wirkt, und als vorausgeschenkte Erstgabe, die die Zukunft Gottes eröffnet.

Über viele Jahre kam ich als Studienleiter des Heidelberger Ökumenischen Studienhauses in der Hauskapelle mit Studierenden der verschiedenen Kirchen morgens und abends zu Andachten zusammen vor einem Glasfenster hinter dem Steinalter mit dem Kreuz darauf. Das Glasfenster zeigt eine Verbindung von der Auferstehung der Totengebeine nach Hes. 37 mit der Ausgießung des heiligen Geistes nach Apg 2: Trockenes wird saftig, Totes lebendig durch das Wirken des Geistes Gottes.

Als "Kyrios, Herr" wird er bekannt; Geber und Gaben verbinden sich. Ganzheitlich "in Herz und allen Sinnen" bewahrheitet er sich mit seinen Gaben: die drei christlichen Kardinaltugenden Glaube, Liebe, Hoffnung; die sieben Zeichen des Geistes, die wir mit der messianischen Verheißung von Jes 11, 2 in M. Luthers Choral "Komm, Gott, Schöpfer heiliger Geist, besuch das Herz der Menschen dein" (EG 126, 3) erbitten; die acht Seligkeiten nach Jesu Glücks- und Heilsrufen der Bergpredigt; die neun Früchte des Geistes (Gal 5, 22), die zwölf Charismen zur Auferbauung der Gemeinde (1. Kor 12, 28f).

Zukunfsträchtig in der Glaubens- und Kulturgeschichte wirkten von der alttestamentlichen Joelverheißung her (Joel 3, 1) aus dem Pfingstevangelium Apg 2 die Bilder und Symbole für die dynamische und energetische Kraft des Neuschaffens, Verbindens und Heiligens: Wasser, Feuer, Erde, Wind, womit die vier Urelemente der ionischen Naturphilosophen angedeutet sind.

Bekanntlich erhellen und erstellen Bilder Wirklichkeit ; sie erweisen sich als Brücken, die über sich hinausweisen und Neues erschließen. Hier repräsentieren sie Kraft und werden spürbar als lebensnotwendig erfahren; zugleich deuten sie auf den Unterschied von Geist Gottes und Ungeist: einerseits das Wasser als Lebensquell, das Feuer als Wärmespender, die Erde als Nährboden, der Wind als "Atem des Lebens"; andererseits die lebenszerstörende Sintflut, die vernichtende Feuerwalze, das zukunftverschließende Erdgrab, der leidbringende Tornado. Geist und Ungeist, Geist des Lebensfülle und Geist der Lebenszerstörung, Geistgegenwart und Geistlosigkeit, befreiender Geist Gottes und Geist der Sünde und des Bösen erstellen diese Bilder.

In ihrer andeutenden und deutenden Funktion weisen sie über sich hinaus und im biblischen Zusammenhang werden sie als Bildkomplexe aufgebrochen durch ihren Fluchtpunkt Jesus Christus und durch die Grammatik der Liebe Gottes: die Kehre hin zur alles neu machenden Liebe Gottes, die sich in Jesus Christus offenbart uns durch den heiligen Geist. Denn der heilige Geist ist es, der "zu Christus bringt", zum Glauben, der der Wirklichkeit des Geistes Gottes im Streit mit den Ungeistern der Menschen gewiss ist. Jesus Christus ist der "Ort" der sich erkennbar- und erfahrbarmachenden schöpferischen und neuschaffenden Liebe Gottes, die Glaubende geistesgegenwärtig in die Liebe zu Gott und zum nahen und fernen Nächsten führt und geistesmächtig ins kritische Unterscheiden der Geister.

Diese Gewissheit bewahrheitet sich als Glaubens- und Geistgemeinschaft mit dem "eingeborenen Sohn Gottes unserm erstgeborenen Bruder", der "Wohngemeinschaft mit

uns macht", in unserem Herzen, wie es im Predigttext heißt, denn nicht ich lebe aus mir selbst, sondern im Mich-ver-lassen lebt Christus im mir eigenen Selbst (Gal 2, 20)). Ein neues Menschen- und Wirklichkeitsverständnis in der Kraft des Geistes Gottes.
Gelebt wird sie von uns angesichts und in der Zwiespältigkeit der Geistesmächte mit der Bitte: "Nimm deinen heiligen Geist nicht von mir" (Ps 51, 3), damit nicht Gemeinschafts- und Sprachlosigkeit zurückbleibt; mit der Mahnung: "Löscht den Geist nicht aus" (1. Thess 5, 19f), so dass Aschewolken und verteerte Strände uns den Lebensatem nehmen; mit der Weisung: "Wenn wir im Geist leben, so lasst und auch im Geist wandeln" (Gal 6, 26), zuversichtlich hoffend und mutig engagiert in Krisenzeiten..

2. Liebe Gemeinde, bei dieser Vielstimmigkeit biblischer Rede vom schöpferischen und neuschaffenden Geist Gottes wird in Jesu Krisenpredigt vom heiligen Geist gesprochen als beistehender Paraklet, als helfender Tröster, als verbindender Friedensstifter und als aufklärender Lehrer, der zwischen Geist und Ungeist unterscheiden lässt.

a. Den beistehenden Paraklet verheißt Jesus, seinen gottgesandten Repräsentant. Durch ihn nimmt Jesus Christus Wohngemeinschaft in Kirche und Gemeinde mit Wort und Sakrament. Er ist es, der als der gegenwärtige "Herr" wirkt in der Kirche.
Nicht Geistverneinung, Geistvergessenheit oder Kleingeist darf ihn in der Kirche zum Verlöschen bringen, nicht menschliches Machen betriebswirtschaftlicher Effizienzstrategien und ökonomischer Sicherungsmaßnahmen ihn verdrängen.
Das Unterscheiden zwischen dem, was allein Gott kann, und dem, was Menschen in der "Kirche der begnadigten Sünder" können, zwischen Gottes heiligem Geist und der Menschen Planungsgeist, wird da konkret von Jesus Christus her und im Blick auf den Kyrios, dem Haupt der Kirche.
Im Zeitgeist religiöser Pluralisierung und Säkularisierung unserer demokratischen Kultur mit Religionsfaszination und Religionsdistanz, mit Selbstsäkularisierung und Revitalisierung der Religion, mit Relativierung und Fundamentalisierung ist christlicher Glaube durch Selbst- und Fremdaufklärung denkend zu verantworten nachhaltig für die Folgen des heute vielfach beobachteten Verlustes an religiöser Orientierung für den einzelnen, für das Rechtsbewusstsein und für die Geltung von Werten in unserer Gesellschaft.

b. Helfender Tröster wird der heilige Geist sodann genannt.

Auf die Frage "Wo bleibst du Trost der ganzen Welt?" (EG 7, 4), auf den Ruf "Siehe, um Trost war mir sehr bange!" (Jes 38, 17) und auf die Bitte der Gemeinde "Heil'ger Geist, du Tröster mein, komm" (EG 128) verheißt und schenkt der geistliche "Tröster" Zuversicht, Hoffnung, neue Perspektiven im Lebens mit Gott.
Vom "Gott alles Trostes" werden Menschen in Trübsal getröstet, damit sie trösten können mit dem Trostwort der Schwestern und Brüder (SA III 4). Nicht sollen dies Worte der leidigen Tröster Hiobs sein, nicht vertröstendende Trostpflaster und Seelentröster unserer Allgemeinplätze "Nur Mut!", "Kopf hoch!", "Es wird schon wieder; das Leben geht weiter!", "Es könnte schlimmer sein!", "Es geht anderen auch so!"
Der Heidelberger Katechismus fragt unmittelbar am Anfang: "Was ist dein einziger Trost im Leben und im Sterben?" und antwortet: "Dass ich meines getreuen Heilands Jesu Christi eigen bin", weil "allein von seinem Trost" im Spiegel des leidenden, gekreuzigten und auferstandenen Christus zu leben, trotzigen Trost bedeutet für den, der ,ohne Leid, Sterben, Sünde und Tod zu verharmlosen, über sich selbst hinausschaut auf den, der tröstliche, widerständische, beistehende und helfende Kraft zu geben vermag. Das Trostwort und die verantwortliche Tat gegen veränderbares Leid gehören da zusammen.

c. Als kritischer Richter wird der Paraklet die "Augen öffnen für die Sünde als Gemeinschaftslosigkeit der Menschen mit Gott und Selbstverschließung gegen den Willen Gottes zum Leben. Die Gemeinschaftstreue Gottes wird er ansichtig und die Wohngemeinschaft Christi in der Gemeinde erfahrbar machen. Über den Leben zerstörenden und Zukunft verschließenden Ungeist mit seinen Kleingeistern wird er Richter sein; all die Diskrepanzerfahrungen durch Selbstsucht und Machtstreben und all die Missstände zwischen Recht und Unrecht wird er offen legen.

d. Demgegenüber verspricht Jesus Christus Heil und Heilung, erneuernden Frieden, Schalom.
"Friede sei mit euch", rief der auferstandene Christus den Jüngern zu (Joh 20, 19ff), deren Gewissheit, dass "Christus unser Friede ist" (Eph 2, 7) sich als "Frucht des Geistes" und "Band des Friedens" bewahrheitet (Gal 5, 22). Christus sagt in der Krisenrede: "Meinen Frieden geben ich euch. Nicht gebe ich euch , wie die Welt gibt. Euer Herz ängstige sich nicht und verzage nicht."

Verheißen ist der Friede durch Christi stellvertretendes Sühnopfer zur Vergebung der Sünden und zur Versöhnung in der neuen Gemeinschaft mit Gott und untereinander. Menschlichen Verstrickungen in Überschuldungen, die nur schwer abgezahlt werden können und Zukunft zu verschließen drohen, steht der Vorschuss des heiligen Geistes gegenüber, der als Zukunftsgabe nicht zurückgezahlt werden kann und muss. Das meint das anders Anders des heiligen Geistes.
Frieden, - nicht Nicht-Krieg oder relativierende Harmonie - Schalom, die Befreiung in der "noch nicht erlösten Welt" von alles bestimmender Lebenssorge, die durchs Schlüsselloch einzudringen pflegt, von Lebensfurcht, die verzagt an Vertrauen und Glauben vorbeischleicht, von Lebensangst vor dem nichtenden Nichts, im letzten vor der Macht der Sünde und des Todes mit seinen großen und kleinen Geschwistern.
Da werden Christen mit den geistmächtigen Seligkeiten der Bergpredigt "Friedensstifter" und die Kirche Ort des Heils und Quelle des Friedens: weltläufig "an alles Volk" in Familie, Kommune, Gesellschaft und Ökumene. Nicht aus der Welt kommt der Friede Christi, aber für die Welt. Und meist zeigt sich Friedensstiften nicht zeitgeistkonform, sondern als Zivilcourage "mutig und keck" für Chancengleichheit und Beteiligungsgerechtigkeit.

e. Schließlich wird der heilige Geist er-innernder und vor-denkender Lehrer sein. Er lässt die sich bewahrheitende Wahrheit in Jesus Christus unverborgen erfahren und erkennen.
Der "heilige Geist" erweist sich gegen Kleingeist und Ungeist als kreative und innovative Kraft, die dem Leben dient und Zukunft eröffnet, die ganzheitlich erfahren wird und vielstimmig gepriesen. Denn der heilige Geist schenkt erkennenden Glauben an das Geheimnis der sich offenbarenden Liebe des dreieinen Gottes zur lebensfördernden und zukunfterschließenden Gemeinschaft mit Gott. So macht der heilige Geist die Herzen weit und auch den menschlichen Geist groß. Zugleich erinnert er an die Grenzen dort, wo die Würde des Menschen auf der Basis der Menschenrechte nicht gewährleistet ist. Mit der zuerkannten Würde des "Ebenbildes Gottes" ist der Mensch bestimmt zur Wohngemeinschaft mit dem heiligen Geist, der Wahrheitsgewissheit als Heilsgewissheit widerfahren und erfahren lässt.

3. Liebe Gemeinde des Pfingstfestes, wie immer wieder, so erbitten wir heute mit der ganzen Christenheit den Geist, der "Herr ist und lebendig macht", der Zukunft eröffnet,

ja, der uns schon hineinnimmt in den zukünftigen Lobpreis der Herrlichkeit des deieinen Gottes; denn er wird "mit dem Vater und dem Sohn zugleich angebetet und zugleich geehrt", indem wir jetzt gemeinsam singen: "Strahlen brechen viele aus einem Licht. Unser Licht heißt Christus" (EG 268, 1 - 5).

Und der Friede Gottes, der höher ist als unsere Vernunft, der bewahre unsere Herzen und Sinne, unser Denken und Tun im Glauben an Jesus Christus. Amen.

Gotteserfahrung und Gotteserkenntnis

2. Mose 3, 1 - 14

Predigt am letzten Sonntag nach Epiphanias in der Peterskirche in Heidelberg

"Warum ich mich geändert habe?", der Titel eines Buches. Warum ich mich geändert habe - nicht Heraklitische Weisheit, dass sich alles verändert, sondern der autobiographische Bericht, eingebunden ins politische Geschehen etwa von Sternstunden der "Befreiung" des 8. Mai 1945, des Exodus aus der Apartheit, der Perestroika des Sowjetsystems, der "Öffnung" des 9. November 1989, rückwärts verstehend und nach vorn erinnernd.

Von Wendepunkten und Richtungsänderungen wird auch in Glaubens- und Lebensgeschichten erzählt: Paulus "Damaskus", Augustins "Mailand", Luthers "Stotternheim", Pascals "Nacht des Feuers" (23. 11. 1654) usw., usw.

Von außen wird das Selbsterlebnis, uneindeutig wie es erscheint, häufig mit Unverständnis begleitet. Denkt man nur an Bonhoeffers Absage an Sicherheit durch die bewusste Rückkehr 1939 zur "Teilhabe an Deutschlands Geschick", oder an eine Kehre aus der akademischen Laufbahn ins geistliche Amt des Pastors, oder an den Wechsel eines bekannten Popstars zum weit wiederhallenden Sänger christlichen Glaubens oder an den Aufbruch aus Privatheit zur politischen Verantwortung für andere, was nicht mit Karriereknick verbunden sein muss. Biographische und zeitgeschichtliche Analysen lassen da Bezeichnungen wie "ausstrahlende Rednerin", "gottbegabte Künstlerin", "begeisterter Pädagoge", "begnadeter Arzt", "berufener Hirt, Pastor" angesichts heutiger Qualitäts- und Kompetenz-Assessments nur als "altmodisch" erscheinen - selbst wenn etwas Unerklärliches bleibt.

1. Liebe Gemeinde, eine lebensgeschichtliche Veränderung erzählt der Predigttext: eine Befreiungsgeschichte, filmreif und verfilmt in Hollywood, eine Megastory der Glaubens- und Weltgeschichte.

Nachkomme von jüdischen Immigranten ins wirtschaftlich boomende Ägypten war er. Mit dem Herrschaftswechsel zur weltanschaulich sich legitimierenden Gewaltdiktatur

wurden die Fremden nicht nur diskriminiert, entrechtet und unterdrückt - eine zynische Endlösung war im Gange: alle Knaben wurden gleich nach der Geburt ermordet.
Er - welch glücklicher Zufall - wird als im Nilschiff ausgesetztes Baby von einer ägyptischen Prinzessin gerettet. Im Palast des brutalen Autokraten wird ihm exzellente Ausbildung und Bildung zuteil. Sein Lebensweg steht unter einem brillanten Vorzeichen - bis, ja, bis ihm seine Identität als Israelit aufgeht: Als er das Unrecht eines ägyptischen Aufsehers an einem seiner Volksgenossen beobachtet, erschlägt er diesen mit der Wut des jungen Mannes. Verständnis dafür findet er nicht einmal bei den Landsleuten. Er muss fliehen ins Exil nach Midian. Ein Bruch. Ein Bruch wie bei anderen Krankheit, Unfall, Insolvenz, Naturkatastrophe.
In Midian entspinnt sich eine reizende Liebesgeschichte. In knappen Worten: Mit Zivilcourage schafft er Recht, als Rowdys das Vieh einiger Mädchen von der Tränke verdrängen wollen. Das ist der Anfang. Später heiratet er eine der Priestertöchter mit dem wunderschönen Namen Zippora, das Vögelchen. Das ist nun nicht der Schluss, soz. das Happy end als selbstgenügendes Glück in einem Roman. Denn die Geschichte Israels und die Lebensgeschichte dieses Mannes ist in die Geschichte ihres Gottes hineingenommen: kein sich selbstgenügender, beziehungsloser Gott. Der "Hirte Israels" hört die Klagen und sieht das Leid seines Volkes; er kennt diesen Mann in der Fremde mit Namen.

Da beginnt der heutige Predigttext: Mose - ja, Sie haben seinen Namen schon längst erkannt - "Mose aber hütete die Schafe Jethros, seines Schwiegervaters, des Priesters in Midian, und trieb die Schafe über die Steppe hinaus und kam an den Berg Gottes, den Horeb. Und der Engel des Herrn erschien ihm in einer feurigen Flamme aus dem Dornbusch. Und er sah, dass der Busch im Feuer brannte und doch nicht verzehrt wurde. Da sprach er: "Ich will hingehen und die wundersame Erscheinung besehen, warum der Busch nicht verbrennt. Als aber der Herr sah, dass er hinging, um zu sehen, rief Gott ihn aus dem Busch und sprach: Mose, Mose! Er antwortete: Hier bin ich. Gott sprach: Tritt nicht herzu, zieh deine Schuhe von deinen Füssen; denn der Ort, darauf du stehst, ist heiliges Land. Und er sprach weiter: Ich bin der Gott deines Vaters, der Gott Abrahams, der Gott Isaaks und der Gott Jakobs. Und Mose verhüllte sein Angesicht; denn er fürchtete sich, Gott anzuschauen. Und der Herr sprach: Ich habe das Elend meines Volkes in Ägypten gesehen und ihr Geschrei über ihre Bedränger gehört; ich habe ihre Leiden erkannt. Und ich bin herniedergefahren, dass ich sie errette aus der

Ägypter Hand und sie herausführe aus diesem Land in ein gutes und weites Land, in ein Land, darin Milch und Honig fließt, in das Gebiet der Kanaaniter, Hethiter, Amoriter, Peresiter, Hewiter und Jebusiter. Weil denn nun das Geschrei der Kinder Israel vor mich gekommen ist und ich dazu ihre Not gesehen habe, wie die Ägypter sie bedrängen, so geh nun hin, ich will dich zum Pharao senden, damit du mein Volk, die Kinder Israel, aus Ägypten führst. Mose sprach zu Gott: Wer bin ich, dass ich zum Pharao gehe und führe die Kinder Israel aus Ägypten? Er sprach: Ich will mit dir sein. Und das soll dir das Zeichen sein, dass ich dich gesandt habe: Wenn du mein Volk aus Ägypten geführt hast, werdet ihr Gott opfern auf diesem Berg. Mose sprach zu Gott: Siehe, wenn ich zu den Kindern Israel komme und spreche zu ihnen: Der Gott eurer Väter hat mich zu euch gesandt! Und sie mir sagen werden: Was ist sein Name?, Was soll ich ihnen sagen? Gott sprach zu Mose: Ich werde sein, der ich sein werde (Ähejäh ascher Ähejäh). Und sprach: So sollst du zu den Kindern Israel sagen: "Ich werde sein", der hat mich zu euch gesandt."

2. Mose ist Hirte, liebe Gemeinde, und geht dem alltäglichen Tagewerk nach - nun schon seit mit der symbolischen Zahl 40 angezeigten Jahren: Zeit der Einkehr und Umkehr in Buße und Gebet, wie die vor uns liegende Passionszeit. Ob die verdrängte Vergangenheit Mose einholt oder die Sehnsucht nach erneuertem Selbstsein? Hat Gott noch etwas vor mit ihm?
Mose biegt ab vom Weg, heißt es im Hebräischen, vom gewohnten; er sieht etwas Ungewöhnliches: einen brennenden Dornbusch, den die Flammen nicht verzehren, am Grünfutterhang. Erklärung suchende Rationalisierung wie entzündete Erdgasader oder Luftspiegelung oder auch rätselhafte Erscheinung bringt für das Lichtphänomen keine Klarheit. Erst das Sehwort des Feuerengels aus dem Dornbusch macht deutlich, dass die Herrlichkeit des verborgenen Gottes Abrahams, Isaaks und Jakobs am Ort ist, nicht anschaubar. Auch später darf Mose die Herrlichkeit Gottes nicht direkt, nur von hinten aus einer Felskluft erkennen (Ex 33, 18ff) und auch Elia darf Gott nur im linden Wehen wahrnehmen (1. Kön 19, 12).
Gott spricht Mose persönlich mit Namen an. Gott redet mit Mose. Da wird vieles klar. Gott weist auf die auch Mose bewussten Zusammenhänge und Interdependenzen seines privaten Lebens mit seinem von Leid und Unrecht geplagten Volk. Erinnern nach vorn, Leben fördernd, Zukunft eröffnend. Mose soll Gottes Mitarbeiter sein. In freier Selbstzurücknahme zugunsten von uns Menschen will Gott "nicht ohne uns" Freiheit

und Gerechtigkeit wirken, aber auch nicht allein durch uns. Moses Kenntnisse, Erfahrungen und auch Schuld und Fehler will der "Hirte Israels" einbeziehen, wodurch Mose leitender Hirte des Exodus wird in das verheißene Land "darin Milch und Honig fließt".

3. Liebe Gemeinde, "Wer bin ich?", fragt wohl betroffen, aber distanziert problematisierend der Angerufene und Berufene. "Wer bin ich?", mit D. Bonhoeffers bekanntem Gedicht der Spannung von Eigen- und Fremdbild sich dem Ruf zu entziehen versuchend. Lebens- und Glaubengeschichten zeigen, dass häufig einem Ruf anfangs ausgewichen wird, während Gott in Geduld seiner Zusage Geltung verschafft: "Ich will mit dir sein", "Fürchte dich nicht, ich bin mit dir": der Gott deiner Väter, der Hirte Israels in Notstands- und Wohlstandszeiten. Mose sagt schließlich "Ja", er, ein Selbst bewusster Freiheit, "das durchsichtig in der Macht gründet, die es gesetzt hat" (S. Kierkegaard): "Dein bin ich, o Gott!". Mose folgt; der Ruf, der Auftrag greift; er lässt sich vom göttlichen Feuer entzünden.

Doch da kommt noch die Frage, die Menschen in multikulturellen und plurireligiösen Gesellschaften beschäftigt: "Wer bist Du? Was ist dein Name?" - "Ich bin der ich bin. Ich werde dasein als der ich dasein werde", so gibt Gott den Namen preis, d. h. konkret: "Ich habe das Elend Israels gesehen, habe seine Klagen gehört; ich rufe dich, Mose; nun komm: ich will Hilfe und Rettung bringen, in Freiheit führen. Du aber bist der, mit dem ich bin. Wenn das Volk dich fragt, sollst du antworten: Ihr seid die, die nicht ohne mich sind". Oder in M. Bubers Umschreibung: "Ich bin und bleibe gegenwärtig; es ist müßig, mich herbeischwören zu wollen: Ich stehe meinem Namen nach wieder und wieder bei denen, deren ich mich annehme und ich tue euch kund, dass ich mich eurer annehme". Dieser Name meint keine ontologische, zeit- und beziehungslose Selbigkeit, leidens- und liebesunfähig, wie die theologie- und philosophiegeschichtlich so missverständliche Übersetzung der griechischen Septuaginta. Aus der Zukunft wirkend wird der Hirte Israels auch in Zukunft wirkend dasein in konkreten Beziehungen und Lebenssituationen: "Ich werde dasein als der ich dasein werde", vorsehend Rettung und Gelingen bringen, ich, Immanuel, Gott mit uns - ein Name, nicht als behaftbarer Ausweis, sondern namentliche Anrede: ansprechbar, hörend und erhörend. So viele Namen hat er, wie er Menschen bei ihrem Namen ruft und wie er den Mann mit Namen Mose zum Hirten für den Exodus seines Volkes beruft. "Ich werde dasein" - diese

Verheißung ist "voll ausreichend" dann, "wenn sie allein dasteht und den Glauben trägt und den Gehorsam unterbaut", wie Daniel Thambyraja Niles in der Eröffnungspredigt der ersten Weltkirchenkonferenz in Amsterdam 1948 zurief, eine ökumenische Sternstunde. "Ich werde dasein". Welch ein Gott! Ja, wer bist Du?
Das eigentliche Wesen des eiferheiligen und in Herrlichkeit erstrahlenden Gottes, eben sein Ich , bleibt verborgen hinter seinem Du, das heilige Geheimnis; der Pfeil steckt noch im Köcher, um im Bild des Deuterojesaja zu reden (Jes 49, 2). Und erfüllt, liebe Gemeinde, wird die Verheißung des Propheten (Jes. 7, 14): "Siehe, eine Jungfrau wird schwanger sein und einen Sohn gebären, und sie werden seinen Namen Immanuel heißen" (Mt 1, 23), der Name, "der über alle Namen ist " (Phil 2, 9), der Name, "darin wir sollen selig werden" (Apg 4, 12). Und " über deiner Krippe schon zeig uns dein Kreuz, o Menschensohn": die Herrlichkeit Gottes zum Heil und Wohl der Menschen, die Offenbarung der Liebe Gottes im gekreuzigten und auferstandenen Christus, der Pfeil aus den Köcher des Heilspropheten.

4 "Dies ist mein lieber Sohn, , den sollt ihr hören", liebe Gemeinde, so ergeht auf dem Berg der Verklärung im Beisein der Lichtgestalten Mose und Elia der Ruf an die Jünger Petrus, Jakobus und Johannes (Mt 17, 5). Vom Berg hinab in die Niederungen des Alltags müssen sie wieder, begleitet von Immanuel, von Christus, dem guten Hirten, gesandt, Hirten für andere zu sein, trotz ihrer Schwäche und Schuld und angesichts von eigenem Burnout Lichtträger dessen, der vollmächtig spricht: "Ich bin das Licht der Welt" (Joh 8, 12). "Denn Gott, der da hieß das Licht aus der Finsternis hervorleuchten, der hat einen hellen Schein in unsere Herzen gegeben, dass durch uns entstehe die Erleuchtung zur Erkenntnis der Wahrheit in dem Angesicht Jesu Christi" (2. Kor 4, 6). Der heutige Episteltext. Und da ist Glut unter der Asche, Kraft in der Schwachheit, Glanz trotz Zwielicht, Exodus aus Unterdrückung, der Abglanz der Herrlichkeit in menschlichen Tiefen, wo Befreiung erfahren wird. Das sind die staunend erfahrenen Möglichkeiten und Alternativen Gottes, dann, wenn das Wort Gottes wie ein "Flammenwurf" durch die Liebesstrahlen des heiligen Geistes das Herz des "allgemeinen Priester- und Pastorentums" entbrennt.
Der Dornbusch brannte und verbrannte nicht; "brannte nicht unser Herz", fragten die Jünger nach der Begegnung mit dem auferstandenen Christus bei Emmaus (Lk 24, 32). Ja, mehr noch! Mit dieser epiphanen Wende stehen wir und unsere Welt schon im Lichtschein der zukommenden Liebe und Güte Gottes. Und "über dir wird aufgehen der

Herr, und seine Herrlichkeit erscheint über dir" (Jes 60, 2), wie der Wochenspruch heute am Schnittpunkt des Weihnachts- und Passions-Osterkreises den Glaubenden zuruft. Der Glaube, er zeigt sich wie ein Vogel, der schon singt, wenn es noch finster ist. Das Licht durchsetzt die Finsternis. Und aufgeklärt durch den, der verheißt "Ihr seid das Licht der Welt" (Mt 5, 14); lebt als Kinder und Erben " des Lichts" (Eph 5, 8f) lassen wir mit brennendem Herzen wie Mose und die Jünger Jesu privat und öffentlich das Licht der Liebe und des Friedens, des Erbarmens und der Gerechtigkeit in Wort und Tat transparent werden in unserer Glaubens- und Lebensgeschichte, in unserem Alltag, konkret, in Buße neugierig für Gottes Möglichkeiten und Alternativen, sensibel für das Lid Anderer, achtsam und couragiert in Rat und Tat, ein Selbst bewusster Freiheit im Auftrag Christi. "Und siehe, ich bin bei euch alle Tage ..." (Mt 28, 20)

"Wer bin ich?", "wer bist Du?" - "brannte nicht unser Herz" bei der Tischgemeinschaft mit dem auferstandenen Christus?. "Gott hat einen hellen Schein in unsere Herzen gegeben". Kommt, ihr seid geladen.

Und der Friede Gottes, der höher ist als unsere Vernunft, der halte eure Herzen, euer Denken und Tun im Geleit Gott-Immanuels. Amen.

Printed by Books on Demand GmbH, Norderstedt / Germany